守正用奇

价值投资和
长期主义的财富密码

周洪波 ○ 著

团结出版社
UNITY PRESS

图书在版编目（CIP）数据

守正用奇：价值投资和长期主义的财富密码 / 周洪
波著 . -- 北京：团结出版社，2024.3
　　ISBN 978-7-5234-0697-7

　　Ⅰ . ①守… Ⅱ . ①周… Ⅲ . ①投资公司—企业管理—
概况—中国 Ⅳ . ① F832.39

中国国家版本馆 CIP 数据核字 (2024) 第 240615 号

出　　版：团结出版社
　　　　　（北京市东城区东皇城根南街84号　　邮编：100006）
电　　话：（010）65228880　65244790
网　　址：http://www.tjpress.com
E-mail：zb65244790@vip.163.com
经　　销：全国新华书店
印　　装：三河市龙大印装有限公司

开　　本：145mm×210mm　　32开
印　　张：7
字　　数：210千字
版　　次：2024年3月第1版
印　　次：2024年3月第1次印刷

书　　号：978-7-5234-0697-7
定　　价：59.00元

为标杆企业立传塑魂

在我们一生中，总会遇到那么一个人，用自己的智慧之光、精神之光，点亮我们的人生之路。

我从事企业传记写作、出版 15 年，采访过几百位企业家，每次访谈我通常会问两个问题："你受谁的影响最大？哪本书令你受益匪浅？"

绝大多数企业家给出的答案，都是某个著名企业家或企业传记作品令他终身受益，改变命运。

商业改变世界，传记启迪人生。可以说，企业家都深受前辈企业家传记的影响，他们以偶像为标杆，完成自我认知、自我突破、自我进化，在对标中寻找坐标，在蜕变中加速成长。

人们常说，选择比努力更重要，而选择正确与否取决于认知。决定人生命运的关键选择就那么几次，大多数人不具备做出关键抉择的正确认知，然后要花很多年为当初的错误决定买单。对于创业者、管理者来说，阅读成功企业家传记是形成方法论、构建学习力、完成认知跃迁的最佳捷径，越早越好。

无论个人还是企业，不同的个体、组织有不同的基因和命运。对于个人来说，要有思想、灵魂，才能活得明白，获得成功。对于企业而言，要有愿景、使命、价值观，才能做大做强，基业长青。

世间万物，皆有"灵魂"。每个企业诞生时都有初心和梦想，但发展壮大以后就容易被忽视。

企业的灵魂人物是创始人，他给企业创造的最大财富是企业家精神。

管理的核心是管理愿景、使命、价值观，我们通常概括为企业文化。

有远见的企业家重视"灵魂"，其中效率最高、成本最低的方式是写作企业家传记和企业史。企业家传记可以重塑企业家精神，企业史可以提炼企业文化。以史为鉴，回顾和总结历史，是为了创造新的历史。

"立德、立功、立言"，这是儒家追求，也是人生大道。

在过去10余年间，我所创办的润商文化秉承"以史明道，以道润商"的使命，汇聚一大批专家学者、财经作家、媒体精英，专注于企业传记定制出版和传播服务，为标杆企业立传塑魂。我们为华润、招商局、通用技术、美的、阿里巴巴、用友、卓尔、光威等数十家著名企业提供企业史、企业家传记的创作与出版定制服务。我们还策划出版了全球商业史系列、世界财富家族系列、中国著名企业家传记系列等100多部具有影响力的图书作品，畅销中国（含港澳台地区）及日本、韩国等海外市场，堪称最了解中国本土企业实践和理论体系、精神文化的知识服务机构之一。

出于重塑企业家精神、构建商业文明的专业精神和时代使命，2019年初，润商文化与团结出版社、曙光书阁强强联手，共同启动中国标杆企业和优秀企业家的学术研究和出版工程。三年来，为了持续打造高标准、高品质的精品图书，我们邀请业内知名财经作家组建创作团队，进行专题研究和写作，陆续出版了任正非、段永平、马云、雷军、董明珠、王兴、王卫、杜国楹等著名企业家的20多部传记、经管类图书，面世以后深受读者欢迎，一版再版。

今后，我们将继续推出一大批代表新技术、新产业、新业态和新模式的标杆企业的传记作品，通过对创业、发展与转型路径的叙述、梳理与总结，为读者拆解企业家的成事密码，提供精神养分与奋斗能量。当然，我们还会聚焦更多优秀企业家，为企业家立言，为企业立命，为中国商业立标杆。

一直以来，我们致力于为有思想的企业提升价值，为有价值的企业传播思想。作为中国商业观察者、记录者、传播者，我们将聚焦于更多标杆企业、行业龙头、区域领导品牌、高成长型创新公司等有价值的企业，重塑企业家精神，传播企业品牌价值，推动中国商业进步。

通过对标杆企业和优秀企业家的研究创作和出版工程，我们意在为更多企业家、创业者、管理者提供前行的智慧和力量，为读者在喧嚣浮华的时代打开一扇希望之窗：

在这个美好时代，每个人都可以通过奋斗和努力，成为想成为的那个自己。

企业史作家、企业家传记策划人、主编

陈润

推荐序

把成功与失败进行淋漓尽致的总结

在总结任正非成功经验的时候，人们发现了这四句话：行万里路，读万卷书，与万人谈，做一件事。所谓的"与万人谈"，就是任正非阅读大量世界上成功企业的发展历史的书籍。他一有机会就与这些公司的董事长、总经理当面进行交流请教，并把这些成功的经验用于华为的运营，这就使得华为也成为一个成功的企业。

在过去的十余年间，润商文化长期致力于系统研究中外成功的企业家，汇集了一大批专业人士创作关于成功企业家的传记——著名企业家传记丛书。这是一件非常有意义的事情，这让"与万人谈"成为一件很容易的事。同时，这使得大家都能够从中了解到——这些企业家为什么成功？自己能从中学到什么？

因此，我觉得润商文化的这项工作是功德无量的。这些成功的企业家，就是中国经济史上一个个值得称颂的榜样。

湖北省统计局原副局长

民进中央特约研究员

叶青

张磊：高瓴结构性价值构建者

财物如水，流通而遍济民众。"夫天下财虽有限，散之则如沙，而机关滞；聚之则成团，而魄力雄。"[1]在聚财助力企业发展、兴民兴事这一过程中，投资者发挥着重要角色。

放眼世界，优秀企业的成功往往离不开投资人的慧眼识珠，投资人是托举技术创新、企业成才的关键力量，是企业一飞冲天的造势者。新兴力量蓄势待发，它们也带给投资人相当丰厚的回报，优秀的投资人与敢为天下先的创业者相互成就，构建全球资本市场的新格局。在中国，投资者的有效投资，承担着"以所集之财，供企业发展所需"之任，积极参与国家新型基础设施建设，参与卫星领域、核电项目等高精尖技术建设，助力国家发展。

国家积极破除壁垒，放宽准入门槛，为民营投资者提供了较好的投资条件，助力国民经济发展，从而催生了众多投资者，张磊便是其中最有代表性的传奇投资人之一。

1972年，张磊出生于河南省驻马店市，18岁时，以河南省文科状

---

[1] 语出自黄兴（汉）。

元的身份考入中国人民大学，学习的是国际金融专业。学习这一专业的人，毕业后多数会从事与专业不相关的工作，张磊却扎根于投资。26岁那年，他远赴美国留学，在耶鲁大学获得工商管理硕士及国际关系硕士双学位。2005年，在张磊33岁那年，他建立了高瓴资本，投资的企业既有字节跳动、腾讯、美团等新兴互联网企业，也有宁德时代、星思半导体、飞利浦家电等实体企业，被称为"全天候投资人"。

张磊的投资理念注重长远，不喜欢投机，也不喜欢赚快钱，讲究投资一些通过长期做事，建立起自己护城河的企业，当然也包括扶持一些尚在发展中的企业。其实，很多年轻人都很有想法，也有创业的能力，但因为没有启动资金，只能将想法存于脑海，最后遗忘。但是，如果在这个时候，他遇见了一位投资人，给了他启动资金，让他的计划得以实现，就有可能创造出惊人的奇迹，刘强东便是如此。张磊就是京东的第一批投资者，事实上，京东如今发展得也很好。

另外，张磊投资时讲究"守正出奇"。所以查看他投资的20个企业，不乏蓝月亮、宁德时代、格力集团等大名鼎鼎的品牌，这就是守正。将钱投放在这些企业，有很大概率能够回收，实现长期价值的理念。

但是也有出奇。众所周知，投资的特点是"高风险、高收益"，没有放之四海皆准的投资规则。张磊能够规避某些风险，并不是因为他有未卜先知的能力，之所以一次又一次成功，与他个人的价值观、对投资的理解以及坚定不移地"重仓中国"的投资理念有关。他凭借亲手打造的高瓴团队，依靠出奇制胜的投资计划而获胜，达到与企业同时"高收益"的双赢目的。这就是为什么他投资了一些看起来前景不太好的企业，但有些看起来发展很好很热门的互联网企业，他却并没有给予投资。因为在他看来："投资要少而精，不追逐概念，这样会让我们的生活和生意简单。"

这就是张磊的投资理念。事实上，虽然很多企业如今璀璨耀眼、稳定发展，但在成长旅途中也曾经历波折，面临资金短缺的生死抉择，但在投资者的作用下，他们把持住了资金链，克服了困难，走上巅峰之路。同时，张磊投资的年收益率在40%左右，足以见得企业和投资者之间是互相成就，相辅相成的存在。

其实，中国投资者并不少，但是每个投资集团投资的方向不尽相同。创始人张磊为高瓴制定的战略方向是"专注于长期结构性价值投资和产业创新，发现价值、创造价值"。高瓴资本成立十几年来，缔造了一个又一个业界投资神话，成为亚洲最大的私募基金之一，张磊本人也被誉为"中国巴菲特"，成为百亿美金的投资掌门人。

回顾张磊的求学生涯，他师从耶鲁大学捐赠基金经理大卫·斯文森，投资哲学则是"守正用奇""弱水三千，但取一瓢"和"桃李不言，下自成蹊"。东西方文化的交汇与融合，造就了张磊开阔的视野、宏大的格局，他做事勇于开拓，做人低调亲和。

作为投资人，本书将带着读者徐徐打开高瓴的投资画卷，让读者领略到投资的魅力，也看到新时代下中国经济的飞速发展。

成功者的成长轨迹是不可复制的，每个人所处的环境与自身条件独一无二，对成功的定义也不尽相同。在奋斗这条路上，孜孜不倦，坚定信念，找到自我的定位，不虚度光阴，就是实现了人生价值。愿每一位读者在阅读本书时找到人生的方向，收获力量，砥砺前行。

目　录

第一章　求学之路，奠定价值基石

懵懂少年的游侠梦 / 003

在阅读中寻找人生意义 / 006

"三把火"理论一生受用 / 009

一飞冲天的高考状元 / 013

误打误撞学习金融专业 / 017

构建东西方思维体系 / 021

第二章　实践沃土，梦想照进现实

幼年摆摊创业，孩童挣 "巨资" / 027

大学模拟操盘，了解股市知识 / 030

进入国企，深入矿区 / 034

异国求职，天才不懂面试 / 038

休学回国，创办互联网站点 / 042

从耶鲁基金的实习生到纽交所首席 / 046

第三章 寻找价值，宝剑出鞘

耶鲁基金，改变命运的相遇 / 053

中国互联网力量崛起，触发创业激情 / 056

"博客元年"开启探索之旅 / 060

老友协力，高瓴组建创业团队 / 064

我们的口号："请立即上车" / 068

初期募资，再被耶鲁捐赠基金青睐 / 072

第四章 投资企业，高瓴走长期主义价值之路

高瓴资本平地惊雷 / 077

给腾讯插上腾飞的翅膀 / 081

投资蓝月亮，打赢"翻身仗" / 085

助京东"一骑绝尘" / 089

为百济神州药业的研发护航 / 093

启动百丽国际的数字化转型 / 097

第五章 四百亿美金掌门人的投资智慧

投资就是助力企业实现价值创新 / 103

穿越时间周期，坚持长期投资 / 107

投资要具有一双会看人的"慧眼" / 111

资本是一场"把蛋糕做大"的价值游戏 / 114

以哲学思维方式缔造投资智慧 / 118

投资是格局的较量 / 122

第六章 恰巧是投资人的创业者

最佩服的两个人 / 129

被巴菲特主动邀请的中国企业家 / 133

享受运动，推崇运动精神 / 136

坚持深入研究寻找正确方向 / 139

世界上只有一条护城河 / 143

高瓴的七个公式 / 147

第七章 调整方向，打造新布局应对疫情

向早期的硬科技项目倾斜 / 153

加大先进制造业投资比重 / 157

重视契约精神，守正用奇不减薪 / 161

不追风口，坚定长期结构性投资 / 165

保持三天一投，攻破不利传言 / 169

后疫情时代，价值初心不变 / 173

第八章 回馈社会，投资教育创造人才价值

回馈母校的赤子之心 / 179

西子湖畔风云际会 / 183

公益平台未来论坛 / 187

培养人才，实现更大梦想 / 191

《价值》价不可估 / 195

始于创新，未来没有终点 / 199

附录

名言录 / 202

大事记 / 205

参考文献 / 208

后 记 / 209

第一章

求学之路，奠定价值基石

　　有人说，命运是一场个体与时代休戚相关的双人舞，个人的"成功"与其自身的努力及"天时、地利、人和"是分不开的。张磊的成功之路，始于自由自在的童年，始于纯真热烈、打开国门的 20 世纪 70 年代，始于迈开步伐、开启伟大征程的新时代。

懵懂少年的游侠梦

1972 年是个好年份，这一年中华大地风调雨顺，迎来了破土向阳的崭新春天。在国际上，我国与多国恢复邦交，促进贸易往来；在国内，政府加大力度抓生产，调整进口商品结构。随着国家对外贸易的重大变革，改革开放的前奏已悄然响起。

驻马店位于河南省中南部，名字十分"接地气"，历史也相当悠久，早在 18000 多年前，就有人类在这里繁衍生息，是华夏文明的重要发祥地之一。驻马店有几大著名的自然人文景观，比如梁祝故里、伏羲画卦亭等，文化底蕴深厚。1972 年，张磊在这座历史悠久的古城出生，他的到来，给平凡温馨的小家增添了无尽的喜悦与欢乐。

那时候，没有人会想到这个虎头虎脑的小男孩，在几十年后会成为金融界的一个传奇，手握百亿美金，在投资界运筹帷幄，指点江山。

幼时的张磊对未来将要发生的一切浑然不知，他只知道，这世上最快乐的事情就是"玩"。自小聪颖的他将"贪玩"发挥到了极致，玩的内容也是花样百出，踢球、打球，去河里游泳，和小伙伴们集体出游，等等。好动又有主意的张磊，玩出了一个五彩缤纷的童年。童年生活不但自由快乐，还培养了他善于动脑、思维活跃、组织能力强的领导才能。

张磊的父母是双职工。那个年代的人们都忙于生计，没有多少家长能够做到"教育从娃娃抓起"，在孩子很小的时候就带去上各种兴趣班，培养孩子的特长与爱好。"70 后"都是自由自在地"散养"长大，因为家长没有太多心力去管教，以致有的孩子玩着玩着就走上了歧路，成年后追悔莫及。张磊虽然不喜欢上学，十分贪玩，心里却有"正事"，从小就好观察、爱琢磨，行动力极强的他，玩着玩着，还"玩"出了一件出人意料又惊心动魄的大事。

1982 年，动作电影《少林寺》横空出世，1 角钱的票价卖出了 1.6 亿的票房奇迹，成为中国电影史上具有划时代意义的作品。电影中不畏权势的少林僧人令人敬佩，眼花缭乱的真功夫又让人激情澎湃。10 岁的张磊看过电影后，就完全沉浸在电影里，如醉如痴，当他意识到嵩山少林寺就在家门口的时候，稚嫩的小手一拍大腿：走，上山去！

说是家门口，却也是"近在眼前，远在天边"。驻马店离嵩山少林寺的距离，按现在的驾车路线是 200 多公里，车程 3 个小时左右。40 年前的路况与现在没法比，在没有电子地图、交通又不便利的年代，一个孩子想要安全到达几百公里以外的少林寺，仅凭勇气是不够的。他要提前规划路线，在行进的过程中不能有任何差错，有勇有谋，才能和少林寺有一面之缘。

山路的崎岖，长途汽车的颠簸，都没有挡住张磊奔赴少林的热忱。路途遥远而又曲折，张磊克服重重困难，最终成功到达少林寺，并在那里住了几天，一心想要学成盖世神功。

神功未学成，张磊被少林寺善意劝走，回到了家里。他出发时满怀壮志，回来后并没有垂头丧气，因为能够孤身一人到达少林寺，瞻仰了心中圣殿的模样，对张磊来说已经是实现了目标。在这次"出走"的过程中，他也第一次品尝到了"只要坚持到底，就会有所收获"的喜悦，这也为他坚韧性格的形成埋下了小小的种子。

今日能"勇闯"少林，他日亦能做出一番大事业。性格决定命运，张磊的骨子里天生流淌着只属于创业者的沸腾热血，在少年时期，便可看出他头脑冷静，内心强大，做事情有一种不达目的誓不罢休的劲头。

对于去少林寺的经历，张磊自己很难忘记，多年以后，他在《遇见大咖》的访谈节目中曾风趣地提到这件往事，还承认回家之后挨了打。童年时的"壮举"已成笑谈，但"笑傲江湖，谁与争锋"的豪迈洒脱，在他的身上从来没变过。

雄心壮志"投奔"少林，结局早已注定，必然要被拒而归。盖世神功没学成，成绩却亮起了"小红灯"。英雄虽然不问出处，但英雄必须要经过良好的教育，才能成就未来的投资界神话。

张磊曾说过，小时候的他不爱上学，就想做一名游侠纵横江湖。小学时期的张磊，除了体育，其他科目的成绩都很差。1986 年，我国才开始实施九年义务教育，张磊考初中那年还需要靠成绩。当年小学考入初中的最低分是 140 分，张磊的成绩步入初中岌岌可危。在小升初的谜底揭开之前，张磊的父母做的另一项决定，可以说是直接影响了他未来的人生走向。

张磊虽然不喜欢学校里枯燥乏味的功课，却喜欢阅读各种各样的书籍。张磊家有一位亲戚在市图书馆工作，父母便把张磊送去，省得他再到处乱跑。亲戚知道小张磊爱玩，坐不住，便把他"锁"在图书馆里。本来以为张磊没几天就会吵闹，却没想到天性好动的他，在图书馆一待就是一整天，完全沉浸在读书的乐趣中。

大量的阅读，弥补了张磊在学习上的短板，虽不爱上学，但爱看书的他逐渐了解到书本中描绘的世界，一心想游历天下。最终，他在小学的毕业考试时考了 141 分，有惊无险，顺利升入了初中。

在阅读中寻找人生意义

结束了无忧无虑的小学生活，凭借高过分数线 1 分的成绩，张磊有惊无险地升入初中。

在外人眼中，他是幸运的，但如果说这份幸运是天上掉馅饼，又大错特错。幸运有时候也是一种必然，于张磊而言，这种必然只因为两个字——阅读。

由天性好动到看书时一坐一整天，由动向静转变后的张磊深深爱上了读书。他喜欢黑白书页上跳跃的灵动文字，带着强烈的好奇心去想象书中人物的世界，这个时候的他年纪还小，还没有深刻地领悟到阅读的意义，但已经养成了爱读书的好习惯。

进入初中后，张磊对于阅读的兴趣有增无减。虽然他在小学时很贪玩，但良好的阅读基础让他的学业并没有落下太多，初中时他在学习上游刃有余，空出的业余时间，他先放下了游侠梦，全身心地投入到喜欢的阅读中。这个时候的张磊已经发现，他曾心心念念的嵩山少林寺，不过是地图上的一个小黑点儿，书中的世界太大了，远远比他闲逛时所看到的更精彩。

课本上的知识有限，自带"黄金屋"的课外书里，知识浩瀚无边。随着年龄的增长，张磊的阅读面也越来越广，小学时看的那些小人书、连环画，已经不能满足他的阅读需求了。

张磊的初中生活始于 1984 年，对新中国来说，八十年代中期，是一个"高潮迭起、英雄辈出"的黄金时代。改革开放福泽华夏，下海大潮如火如荼，从那时起，中国经济突飞猛进，持续增长。

经济的飞速发展与思想上的解放一向是分不开的，作家的创作欲望也井喷式爆发，他们夜以继日，奋笔疾书。那时候，我国出版了一大批质量上乘的书籍。而初中少年张磊，则如饥似渴，陶醉于读书的快乐中，他两耳不闻窗外事，一心只读圣贤书，想读书便有书读，十分幸福！

他初中时的班主任游仙菊老师，发现了张磊是个爱读书、会读书的好苗子，她鼓励张磊把分散的精力集中起来，好好用在学习上。老师时常的鼓励，阅读中获得的鞭策鼓舞，成为张磊专心学习的动力。他像变了一个人，不再和小伙伴一起四处游荡。随着阅读，他心中憧憬的那个外面的世界，变得更辽阔、更宽广。

没有破土的苗儿顽强生长，哪来繁茂的大树参天挺立？张磊在这一时期疯狂汲取知识，才有了以己之力庇护新兴力量，为腾飞的中国企业保驾护航的实力。

在《价值》一书中，张磊提及少年时那段疯狂的阅读经历，依然记忆深刻，饱含深情。他说："当时，我对读书特别痴迷，读了很多不同种类的书：武侠小说、散文诗歌、人物传记……"读完国内的，张磊就读国外的，开放的国门迎进来一批进口好书，张磊读了大量东欧及苏联的作品，遇到他一生中最喜欢的小说之一：《静静的顿河》。

苏联作家米哈依尔·亚历山大维奇·肖洛霍夫，前后历经14年，创作出长篇巨制《静静的顿河》，主要讲述顿河边上的麦列霍夫一家，历经战争苦难，也曾彷徨徘徊，却从未失去哥萨克人勇敢正直、不畏强权的美好品质。张磊读到此书时，已经不是懵懂的少年，不再只追求书里那热闹的世界，他开始透过文字思考人生，世界观和价值观渐有雏形。《静静的顿河》带给他极大的震撼，书中有一句话影响了他的一生："人们正在那里决定着自己的和别人的命运，我却在这儿牧马，怎么能这样呢？应该逃走，不然我就会越陷越深，不能自拔。"

　　人生的意义究竟是什么？我们应该怎样地活着？是碌碌无为、甘心被命运所左右，还是让麻木的灵魂觉醒，去战斗，去奋进，决定自己和别人的命运呢？初中生张磊还找不到答案，但是当这些疑问出现在脑海中时，就已经振聋发聩，闪耀着智慧的光芒。前方的路究竟要怎样走，张磊还没有想好，但他已经感知到了那觉醒的力量，那强大的召唤。

　　当年的他单枪匹马去少林，现在的他，已准备策马扬鞭，如夸父追日般，追逐那个叫作"理想"的太阳。

　　古人说，"读书百遍，其义自见。"但爱读书的大有人在，也并非人人都能"见山是山，见水是水"。要有坚定的意志力扎进书本，不为外界左右，要勤动脑，爱思考，活跃的思维随着文字而起舞，想得多才悟得多。所谓悟性，有人一点就通，有人始终打不破那堵墙。从张磊的读书心得里，可以看出这位聪慧的少年灵性十足，读书的深度与广度高于同龄人，得到的感悟与启迪比别人多，萌生的想法也更加成熟。

　　成年后的张磊，至今保持着少年时养成的两个好习惯：一个是体育锻炼，适当的运动让他时刻精力充沛，保持清醒的头脑；另一个便是阅读，一本好书会让他心态开放，提炼更多人生智慧。直到现在，即使工作再繁忙，张磊也要抽空看书，回归内心世界，享受阅读的乐趣。

　　阅读是张磊前行的加油站，也是他疲惫时的休憩驿站。这也要感谢张磊那位在图书馆工作的亲戚，正是他让张磊近水楼台先得月，遨游书海，品尝到阅读的快乐，从阅读中汲取大量的营养，从而自初中起就仿佛"开挂"一样，一路逆袭，直至走上巅峰，成为投资界人人叹服的掌门人。

　　天资聪慧，又勤奋好学，让这个曾经不喜欢学习的孩子，在学业之路上势如破竹。初中毕业，张磊以优异的成绩考入驻马店高中，这一次，他不再是险胜的"差生"，而是踌躇满志、一腔热血奔赴山海的孤勇者。

　　"亮剑"的时刻到了。

"三把火"理论一生受用

1987年，张磊初中毕业，成为一名意气风发的高中生。这一次升学，他靠的不再是险胜的"幸运"，而是优异的成绩，此时的他已拥有令同学钦佩与羡慕的实力。

少年初长成，虽然稚气，但是已经有了天之骄子的模样。

河南省驻马店高级中学是一所百年名校，学风严谨，人才辈出。十五岁的张磊，由不爱上学的学渣，变成同学眼中的学霸。腹有诗书气自华，聪慧灵气之外，张磊多了几分成熟与自信，成为传说中的"别人家的孩子"。

一个人的成功是偶然也是必然，幼年时在图书馆接触到图书是偶然，从此爱上阅读，将阅读得来的知识转化为人生动力，一步步走向辉煌，又是一种坚持之下的必然。

上了高中后张磊依然酷爱读书，并且将阅读升级到了跨学科博览群书的新高度，人生之路的价值基石，也更加坚实有力。

据张磊的高中同学回忆，当年作为班长的张磊，每次考试都是文科第一名，可他又不像别的同学那样沉浸在教材和课外辅导材料中，难道张磊真的是过目不忘的天才？

"天才是1%的灵感加上99%的汗水"，张磊的确很聪明，但真正将他的聪明转化为智慧并大放光彩的，依然是读书。

如饥似渴地阅读，在张磊的高中时代达到顶峰。他不再满足于小说、散文、传记等文学类的阅读，而是将兴趣放在一些严谨的学术书籍上。文学的浪漫给了他一个天马行空的瑰丽世界，让他对未来的人生之路充满憧憬，而推理分析、逻辑性极强的学术书籍，则让他深刻地体会到了缜密思考是一件多么有趣的事情。在科学里走迷宫，一匹脱缰的野马很难找到出口，信马由缰的前提是通过蛛丝马迹找到正确的路，才能条条大路通罗马。

怎样才能找到正确的路？去看，去想，去琢磨，不依赖任何人的指点，一个人前行，孤独又坚定。

跨学科深入阅读，再次激发了张磊强烈的读书热情。一本本学术书籍像一个个高深莫测的智者，为了跟上智者的脚步，他必须绞尽脑汁，不停地寻找答案，品尝探索的痛苦，也享受探索的喜悦。

从书籍选择的变化上，也可以看出张磊性格中坚韧不拔的一面。专业艰涩的学术书籍对于一名高中生来说，读起来不会像文学作品那样轻松畅快，知识面的局限性会让阅读变得缓慢吃力，八十年代末期又没有高科技的电子产品，无法像现在一样，遇到不懂的可以随时用手机搜索一下，就能查到答案。

啃大部头哪有那么容易，无毅力者知难而退，有毅力者披荆斩棘。张磊遇到不懂的地方就记录下来，查资料，勤思考，从起初的磕磕绊绊到能够畅读学术书籍，他付出了足够的耐心。成大事者并非天选之子，而一定是在磨炼中成长起来的，付出了比常人更多的努力。

俗话说"脑袋不用则'生锈'，越用越聪明"。久而久之，张磊独立思考的能力越来越强，这种能力运用到生活中，成为一种优秀的品质，对任何事他都会克制冲动、理性分析。多年之后，张磊在他的投资王国里所向披靡，人们佩服他不畏首畏尾的勇气与魄力，折服于他百发百中的神机妙算，殊不知他这灿烂的智慧之光，正是少年时徜徉书海、刻苦阅读时所点亮的。

高中是一个人由少年走向青年的阶段，在这个过程中，人生观与价值观渐渐形成，对人的一生影响深远。深入的阅读让张磊比同龄人更加成熟，想得多、想得深，他的思考不再拘泥于书本，而是处处留心生活中的一点一滴，慢慢地总结经验，悟出人生道理。

张磊有一个被人们津津乐道的"三把火"理论，即"凡是能被火烧掉的东西都不重要，一个人的知识、能力和价值观，才是深藏于内心并真正属于自己的三把火"。有了这"三把火"，可以保持旺盛的求知欲，思考与实践的初心不改。他早早看穿物质财富在精神财富面前不值一提，所以在后来的创业投资中，他从不会短视地以获得金钱为目的，而是还原价值的底色，坚持价值投资的长期主义之路。"授人以鱼，不如授人以渔"，他的价值投资之路，与他的"三把火"理论始终统一，从未背离。

那么他的"三把火"理论是从哪里来的呢？说来有趣，高中上课时要背诵"三个有利于[1]"，时间一长，别的同学不往心里去，张磊却记在心里，不停思考，最终受到启发，总结出了令他受用一生的"三把火"理论。

这个时候的张磊，已经初步形成了自己的价值观，也养成了爱思考的好习惯。成年后的张磊，凭借过人的独立思考能力，改变了许多人的命运，而在高中阶段，尚处于独立思考萌芽期的张磊，改变的正是他自己的命运。

张磊曾说过一句话，"任何财富都是时代所赐。"这里所提到的财富，不仅是物质财富，也包括精神财富。每当回忆他的阅读之路时，张磊始终感谢八十年代，感谢那个文艺作品百花齐放、理想主义风行的改革

---

[1] 三个有利于指的是：是否有利于发展社会主义社会的生产力、是否有利于增强社会主义国家的综合国力、是否有利于提高人民的生活水平。这是1992年初邓小平在视察南方发表南方谈话时，针对当时的社会实际，提出的检验中国改革甚至判断各方面工作是非得失的"三个有利于"标准。

开放的年代。徜徉书海，各种类型的书籍成为张磊攀登人生高峰的阶梯，他的知识层面、眼界格局已远远高于只在课堂上学习知识的同龄人。他意识到只有接受更好的教育，学到更多的知识，见识更广阔的天地，才能真正拥有他所向往的书中世界。

将憧憬变为现实，唯一的出路就是考上最好的大学，去往更大的城市。原地踏步，梦想只会是空想；杀出一条血路冲出去，梦想才能真正照进现实。

这条路对张磊来说，并非天方夜谭，通过阅读，他已经积累了比同龄人更丰富的知识，只待奋发图强，厚积薄发。

想到便做到，从幼时"出走少林"开始，张磊始终是个从不蹉跎的行动派。他开始玩儿命地学习，成绩一路突飞猛进，高考时蟾宫折桂，创造奇迹，至今仍是驻马店中学的一段佳话。

1990 年，张磊以河南省高考文科状元的身份考入中国人民大学，那个以书为阶、勇攀不懈的少年，终于到达了心目中的圣殿。

一飞冲天的高考状元

张磊人生中的第一个传奇，发生在他十八岁那年的夏天。莘莘学子经过十二年寒窗苦读，步入考场，一纸答卷改写命运，人生从这一刻开始有了分水岭。有人金榜题名，从此顺风顺水；有人跌倒了再爬起，风雨过后终见彩虹；有人失败后一蹶不振，一次挫折便毁掉了一生；也有人一飞冲天，势不可挡，终成大器。

张磊无疑是这一年高考的赢家，河南省文科状元的殊荣，让他以最闪亮的姿态收获了十八岁的成人礼。光环与荣耀映照着这位爱读书的青年，那张刚刚脱去稚气的脸庞洋溢着快乐的笑容。初尝成功滋味，张磊是开心的，也是清醒的，他踏上进京之路，满怀期待又从容不迫。他用后来一个又一个更加闪亮的头衔向人们证明，昙花一现不是真赢家，长期坚持下去，将自我价值转化为造福社会的长期价值才是真英雄。

1990 年的秋天，是个金色的收获季节，小城青年张磊来到北京，走进了中国最高学府之一，声名显赫的中国人民大学。博观而约取，厚积而薄发，他虽未见过大千世界，大千世界早已在他的心中。常年阅读积累下来的知识，已经沉淀于张磊的一言一行中；所思所想，成为他积极向上的最大资本。面对气势恢宏的首都，站在同为人中龙凤的同学们中间，张磊并不惶恐，反而摩拳擦掌，蓄势待发，准备好好阅读"大学"这本书。他将依靠他"会阅读爱思考"的超能力，在大学这本书里学到真正的"盖世武功"，从而圆幼时那个梦，"仗剑天涯，笑傲江湖"。

从张磊青少年的求学经历中，我们不难看出，知识改变命运在他这里得到了淋漓尽致的体现。这里的"知识"是一个广义的概念，既是书本上的知识，也是课外书里的知识。爱上阅读，课外书里的知识给了他学习的动力；因为有了动力，曾经不喜欢的枯燥乏味的课堂，变成了他用来武装自己的"武器"，在学校变得用功，刻苦钻研书本上的知识；校内校外的知识"兼修"，才有了那一飞冲天的高光时刻。虽然成功不可复制，但成功者的经验都值得总结。三十多年前高考生张磊的"夺冠之路"，对于今天的学生依然有着积极的借鉴意义。坚持阅读，不但能取得外人眼中的"辉煌"，也是一个修身养性、塑造正确价值观的过程。在张磊此后的人生里，无论是工作还是家庭生活，创业、投资、交友、养育子女，他都坚持长期主义，影响了一批人成为长期主义的终身受益者。

张磊的学生时代，除了阅读，"良师益友"也起着至关重要的作用。他的初中班主任游仙菊老师曾鼓励他用功读书，高中时，班主任孟发志老师也常常和张磊谈心、讨论。那时候张磊是班长，孟老师说，想当好班长，就一定要学会换位思考，设身处地地理解他人的感受。作为一个爱思考的行动派，张磊没有将老师的话当成耳旁风，不仅牢记心中，他还很认真去想该怎么做，并付诸行动。上大学之前，他甚至为了体验生活，当了一个月的砖瓦工，练就了出色的"徒手接砖"的硬本领，在汗水中挑战自我，品尝生活的另一种滋味。

此后"砖瓦工"这份职业，与张磊再无瓜葛，但这份经历带给张磊的体验与思考却是长远的。如果说阅读赋予了张磊一生践行"长期主义"的使命，那么感同身受地了解他人的生活，思考他人的需求，则影响了张磊日后在价值投资上的倾向与判断。真正的生活教会他书本以外的知识，他始终坚持以人为本而不是以利益为目的，认为只有创造别人需要的价值，才是真正有意义的投资。

上大学前做砖瓦工的体验是张磊人生经历的一个很小的片段，却在冥冥之中契合了人大的校训"实事求是"，这是巧合还是必然，恐怕连张磊本人也说不清楚。但他十分清楚，充满人文气息的人大非常适合他，他也从心底热爱人大这所学校，他明白自己将在这里脱胎换骨，从尚还稚弱的幼苗，成长为顶天立地的栋梁之材。

人大校史之辉煌，无须赘述，建校至今，建树非凡。翻开人大的校友录，群星闪耀，在我们各行各业的顶尖人才里，都有着人大人的身影。九十年代初期，我国由计划经济转为市场经济，加速经济发展，深化改革开放，需要一大批经济领域的优秀人才。开放的国门引进了西方思想，结合我国的实际状况，人大师生致力于因地制宜研究适合中国国情的经济发展道路，这也是人大始终秉承的"实事求是"的治学精神的体现。在老师的教诲与指导下，张磊和他的同学们一起参加活动，调查研究，紧跟时代脚步，通过实践获得真知。

除了学习上不停汲取营养，和同学们肩并肩共同奋斗，也让张磊又有了新的人生感悟：原来和志同道合的人在一起做事是那样有趣。不同于一个人孤军奋战，在困难面前，集体的力量更加强大。人大校友在张磊日后的投资生涯中扮演着举足轻重的角色，也成为他工作中不可或缺的伙伴，生活中惺惺相惜的知己。

爱读书的张磊从来不读死书，他头脑灵活，善于思考，内心充满年轻人特有的朝气与热忱。人大奉行人文精神与人文关怀，与张磊侠义的性格不谋而合。张磊曾是人大的第一届试点学生班主任和学生会主席，繁忙的学习生活之余，张磊组织各种各样的学术比赛、文体活动；秉承人大"薪火相传"的传统，为低年级的学弟学妹们传授经验。从张磊的大学经历可以看出，除了是一位有着传承精神的学长外，他做事认真，条理清晰，思维缜密，组织能力出色，具有一个创业者的领袖潜质。

如果说初、高中老师的叮嘱，像长者对孩童的叮咛，那么大学老师的教诲，便是送给这群即将走上社会的青年人的箴言。张磊一直记得老师说过，"人大的毕业生将来不仅仅要做一个高级白领，而且要做一个有格局、有愿景、有激情、有家国情怀的人"（摘自《价值》，张磊著），他的人生观与价值观，也在大学时期趋于成熟。

在最美的年华，赶上国家开放的年代，进入最高学府，碰到一群最优秀的人，万事俱备，只欠东风，似乎想不成功也难。外因是条件，内因是根本，张磊没有辜负众人艳羡的学习环境，也没有浪费大好青春，人大四年，对于他的专业国际金融学，他从陌生到熟悉，从熟悉到精通，他爱上了风险与收益并存的金融行业，在这里可以发挥他强大的学习与思考能力，沉浸学海，如鱼得水。

误打误撞学习金融专业

中国人民大学财政金融系（现改为财政金融学院），在 1990 年的秋季迎来了一批新的优秀学子，其中就有河南省的高考文科状元张磊同学。

对于为什么选择学金融，据张磊后来回忆，在考入大学之前，金融是怎样的专业，到底能学到什么，将来的就业方向在哪里，他并不知晓。报考时他的标准很简单，这个专业录取分数高，代表着有一定的含金量；国际金融学还有外教上外语课，这在当时的大学也是不多见的，对热爱新事物的张磊很有吸引力。

这种选择看似误打误撞，实际上能在张磊过往的经历中找到些许端倪。这还要从张磊的阅读史说起。从小学到高中，张磊看过的书可以用"通古涉今，中外兼具"来形容，这在他后来的投资理念中，杂糅东西方哲学的思想精髓可见一斑。

前文曾提到，张磊在高中时读了不少大部头的学术类书籍，其中有一本影响人类发展史的政治经济学巨著《资本论》[1]。《资本论》倡导唯物主义，通过分析资本主义的生产方式，找到其发展规律，从而剖析出剩余价值的分配问题，阐述了唯物史观的科学性与发展性。

---

[1] 全称《资本论：政治经济学批判》，由德国思想家卡尔·马克思创作，1867—1894 年分为三卷出版。

对于高中生来说，想透彻地理解书中蕴含的深奥辩证思想，并非易事，张磊一口气读了两遍，似懂非懂间，脑海中有了资本的雏形，虽然模糊，但是带着一股强烈的、激发探索欲望的吸引力。

人大的财政金融系有三个专业：财经专业、金融专业以及张磊就读的国际金融专业。站在当下，我们对"金融"这个词是相当熟悉的，理财、证券、保险、电子汇款等一系列经济活动与我们的生活息息相关。但回到 32 年前，在计划经济与市场经济的交汇点，金融这个词对大多数人来说是陌生的，国际金融还要涉及一些国际商业基础方面的知识，大一新生面对华丽而复杂、变幻莫测的金融学，可以说是前置知识完全空白。也正因为他们都是一张白纸，四年的时光，人大以坚实的教学功底，实用的教学方式，将这批金融学"小白"打造成金融界英才，为国家输送了当时急需的经济领域人才。

爱上读书，学会思考，通过实践验证书中的知识，总结人生经验，树立自己的人生观与价值观，这是张磊的成长历程，也契合大学里理论与实践相结合的教学方式。读过《资本论》的张磊，在大学里第一次看到了资本的模样，感受到了资本的魅力。九十年代初的中国，在摸索中发展经济，借鉴西方经验，结合中国国情，放开手脚改革，又以人民的利益为根本，谨慎走稳每一步。在这样的时代背景下，张磊对金融学最直观的理解，便是要深入实践，调查研究。你要知道外面在发生什么，我们的人民到底需要什么，才能将书本上的理论有效地转化为行动，创造利国利民的价值。

以实事求是为治学之本，人大最不缺的就是各种各样的实践活动，大学四年，张磊积极参与各种活动，积累经验，令他印象最深刻的是第一次实践活动：为电视机厂做市场调研。

作为家电里的王者，电视伴随着中国人民由贫穷到小康的生活历程，是无数中国人充满幸福的回忆。那时候，牡丹牌电视机是王者中的王者，它诞生于七十年代，风靡于八十年代，计划经济时凭票购买，一机难求。八十年代初，北京牡丹电视机厂与松下电器合作，拥有国内最先进的生产线。进入九十年代，国内电视品牌竞争激烈，牡丹牌电视机受到很大冲击，怎样调整经营策略，重新夺回市场份额，成为电视机厂备受困扰的发展难题。

理论联系实际，实践教学能够促进学生更快成长。接到这个市场调研课题后，张磊和他的伙伴们全身心投入，苦苦思索着：这一次的调研方向设在哪里，才会化腐朽为神奇，找到解决问题的突破口？论经济发展，当时大城市占据着地理位置与资源的优势，一直都站在发展的最前端，而农村闭塞，相对落后，因此其他研究小组都将目光锁定在大城市，仿佛只有大城市才与高大上的金融学相匹配。张磊则认为，对于电视产业来说，大城市的市场分配已经稳定，想夺回份额难上加难，投入与回报不成正比，他与同学们开拓思路，另辟蹊径，选择了电视普及率相对较低的三四线城市、县城以及农村。他认为只要调研方向正确，数据准确，便能打通偏远地区的任督二脉，找到电视机厂再回春的灵丹妙药。

这位未来的"中国巴菲特"，十几年后拥有一整套自己的价值理论，丰富的价值投资经验，是金融领域的教父级人物。但在他第一次做市场调研时却是个生涩的金融新手，没学过系统的调研方法，凭借对于金融学的粗浅理解，边学边做，和小组成员一起制定出分工细致、方法得当、目标明确的调研计划。他们深入消费者群体，拿到了宝贵的第一手资料，圆满地完成了第一次实践活动。

如何刺激市场消费，张磊绞尽脑汁，想出了"家电下乡"的做法。针对购买家电的消费者提供补贴，也是国家近几年针对家电消费疲软的市场举措；而这个刺激市场消费的方法，张磊在大学时便想到了，眼界与格局令人佩服。

出色的实践报告获得了头奖，张磊和小伙伴们得到了一份重量级的奖品——当时市场上最大屏幕尺寸的牡丹牌彩电。而北京牡丹电视机厂根据这次市场调研，制定了针对农村市场的销售方案，找到了新的商机。

初出茅庐，张磊认识到了市场调研在经济活动中的重要性，体验到了理论与实践相结合创造出新价值的资本魅力。此后他在创业过程中，始终坚持市场调研，掌握一手材料，让价值投资有的放矢，而非纸上谈兵，最后变成一场空欢喜。

除了市场调研，张磊在大学里还参加过模拟炒股、学术比赛等实践活动。从起初的新生小白，到后来作为学长，为低年级同学传授经验，张磊在大学学习到的知识既丰富又实用，可以用一句话概括：书本上的理论与实践中的经验已经融会贯通。

在大学中成长起来的张磊，价值底色丰富鲜明，价值基石沉稳有力，走出人大校门时，他已经成为可以独当一面的金融学高手了。

张磊一直记得老师说过的，要做一个有格局、有家国情怀的人。毕业后他对于工作的选择，就像当初选择大学专业一样，再一次出人意料。而张磊的人生注定要精彩纷呈，工作了几年后，他再一次做出了让人意想不到的选择。

风险与收获并存，张磊离成功越来越近了。

构建东西方思维体系

张磊曾将自己的思维体系比喻成"一棵知识的大树"，他的求学之路，就是这棵大树的成材之路。知识与经验如阳光雨露，滋养大树结满一颗颗智慧的果实，这些果实共同组成了张磊完整的东西方思维体系。

如果说他在学生时代总结出的"三把火"理论属于东方思维体系，那么他后来远渡重洋，接受价值投资启蒙后产生的理念，则属于他的西方思维体系。

东西方的资本市场、人文环境各有不同，价值投资的运作也各有特色，这并不代表它们之间是矛盾的。相反，借鉴总结，各取所长，才能在价值投资领域精准定位，找到最适合本国国情的投资方式，为全球经济发展作出贡献。张磊在人大毕业后连做两次另辟蹊径的选择，最终将求学之路的终点定在美国的耶鲁大学，从而习得东西方的金融学精髓，融会贯通，成为金融界举足轻重的价值投资大师。

起初张磊并没有留学的念头，上大学时有外教给上外语课，对他来说便是最接近"外国"的了。从人大毕业后，国内刚刚起步的金融市场留给金融毕业生的工作机会并不多，同学们大多去了银行，张磊并没有随大流，他放弃金融机构，进入中国五矿集团，投身实体经济。与金融机构相比，深入矿区等于放弃舒适的工作环境，选择了一条相对艰辛的从业道路。张磊的金融专业成绩优异，想找一份舒适的工作并不难，因此他的就业选择，在当时有许多人不理解。

我思故我在，张磊从来不是一个盲目冲动、得过且过的人，他的选择自然有他的道理。作为典型的行动派，张磊的求学之路一直与实践分不开。小时候在车站摆摊，后来当砖瓦工，上大学后又参加各种实践活动，他重视自己在工作中的真实体验。对他来说，大学里的金融学知识再怎么丰富，也只是写在书本上，他想通过自己的亲身感受，了解真实的社会。正如高中老师曾说过的，要换位思考，张磊希望和中国的实体企业站在一起，对当时中国经济对企业的影响感同身受，把大学里的实践活动，扩展成一次真实而生动的人生经历。

读书养成了张磊独立思考的能力，每一次人生关键时刻的选择，他都有着自己清醒的判断，不人云亦云。就如一个月的"砖瓦工经历"让张磊受益匪浅一样，在中国五矿工作几年后，张磊再次做出了改变他人生轨迹的另一个重大选择。

爱读书的张磊，并没有一些读书人自诩阳春白雪的故作清高，他始终对工作与生活充满热情，喜欢生活在人群中，又极富探索精神，愿意接触新环境，接受新事物。在五矿工作几年，他不仅走南闯北，深入祖国腹地，见识了我国的地大物博，还在工作中接触到外国客户，产生了想去国外留学的念头。

这念头一经形成，便成为张磊放不下的执念。看了那么多外国书籍，大学时又学习了许多国际商业知识，想要去外面长长见识，增加阅历，亲自感受一下，这种想法越来越强烈。

去国外留学不同于小时候说走就走的"闯荡少林"，路上遍布荆棘。资讯并不发达的九十年代，国外到底什么样子，张磊一无所知。周围同学也有不少出国的，他们的反馈有喜有忧。喜欢冒险的张磊并不担心自己无法适应国外的生活，他担心的是最基本的现实问题，留学是需要钱的，高昂的学费令人望而却步。

留在国内，工作稳定，衣食无忧，出国闯荡新世界，困难重重，一切皆未知。若是安逸的现实主义者，大概会放弃留学的念头。而张磊是坚定不移的长期主义者，他认为困难是暂时的，总有办法克服，收获的知识与阅历却是长久的。作为一名国际金融专业毕业的学生，在国外真正了解西方资本市场的运作方式，会一生受用。

事实证明，张磊又一次做出了正确的选择。他的东方思维体系在国内的学习与实践中已经成熟完善，走出国门，在国外接受价值投资启蒙，形成西方思维体系，为他后来的创业之路提供了正确的指引方向。

张磊的字典里没有"放弃"这两个字，他毅然决然地辞去工作，准备留学。学霸出手，绝不失手，张磊收到了七所国外大学的录取通知书，他选择了艺术与人文气息浓厚的耶鲁大学，理由与他考大学时选择专业一样简单，耶鲁大学研究生院是唯一为他提供奖学金的学校。

漂洋过海，远渡重洋，张磊来到位于美国东北部的耶鲁，同时攻读 MBA 和国际关系两门研究生课程。

九十年代中后期，我国的金融市场处于起步阶段，经济领域不断涌入新名词，经济活动进入普通人的生活中，出现了一个个新兴的金融机构。彼时美国的金融市场，经过了八九十年代的储贷危机后，有着大量的经济案例和经验教训。在九十年代末期，美国国民经济生产率摆脱低迷，美国成为世界经济的先导。在耶鲁大学，张磊掌握了严谨的金融分析体系，丰富的现代金融理论。他发挥"好读书、会读书"的专长，阅读了大量的金融学著作，去粗存精，在探究与思考中，将书本上的知识转化为自己的能力，从而完成了他的西方思维体系构建。

东西方思维体系同时存在，并没有让张磊混乱，反而让他的思路更加清晰。这基于他在学生时代参加过许多实践活动，基于他在中国五矿的工作经验，也基于他后来在耶鲁的实习经历。理论与实践相结合，他梳理出了属于自己的完整的思维体系。

张磊所推崇并一直坚持的长期主义，以读书为起点，以思考为桥梁，以实践为根本。他的求学之路脚踏实地，打造出的价值基石坚实有力，通过实践，他将所学所得运用到工作中，从而成为价值投资之神，帮助他人，造福社会。

第二章

实践沃土，梦想照进现实

　　我们可以戏称七岁的张磊是"走在市场经济前沿"的小朋友，冥冥之中，他的摆摊经历契合了中国即将到来的时代洪流——改革开放，这是巧合，也是张磊的性格使然。一件事要么不做，要做就做到最好，为了实现目标，千难万险，也绝不放弃。

幼年摆摊创业，孩童挣 "巨资"

人们常说"性格决定命运"，追溯一个人的成长史，往往会在他的童年经历中找寻到与众不同的性格特点，即所谓的"天赋异禀"。回顾童年的张磊，当年豪情万丈地出走少林，有勇有谋，表现出他做事爱动脑筋、行动力强的一面。这种性格特点，成年后也体现在他的创业之时，他的生活之中。

如果说出走少林学神功以"壮志未酬"告终，那么七岁这一年他所做的事，凭借自己的能力并有始有终，连大人都对他刮目相看，称赞有加。

前文我们曾提到，小时候的张磊是在亲戚工作的图书馆内接触到图书，才如痴如醉地爱上读书的。去图书馆之前，张磊也有阅读的经历，家里那些花花绿绿的小人书十分吸引他。九十年代以前，作为最普及的大众读物，小人书在人们的生活中举足轻重，图文并茂、通俗易懂、物美价廉，是大众喜闻乐见的文化传播形式。那时候家家户户不论穷富，都会有几本小人书。

小小年纪的张磊，敏锐地发现了大家都和他一样，对小人书爱不释手。他与书的渊源从小人书开始，小人书带给他的不仅仅是阅读的启蒙，还启发了他做生意的灵感，他的创业之路可谓别开生面。

张磊的家住在火车站附近。在《价值》一书中，张磊曾用深情的笔触回忆童年记忆里的驻马店火车站。在他的印象中，火车站既有浪漫

028 | 守正用奇：价值投资和长期主义的财富密码

的烟火气，又担负着"交通枢纽、人生枢纽"的重要职责——多少人从这里走出去，改变了自己与家族的命运。繁忙的火车站汇集各行各业的人才，显露人间百态。在好奇心的驱使下，他经常坐在火车站里看热闹。

看着看着，还真让他看出了名堂。按现在的话来形容，"有市场就有商机"，七岁的张磊还不懂得这么深奥的玄机，他只知道轰隆隆的绿皮火车总是晚点，等火车的人们百无聊赖。张磊脑中灵光一闪，闷了就看小人书呀！独乐乐不如众乐乐，把家里的小人书拿出来，他出租书赚租金，旅客们看书打发无聊时间，岂不是一个两全其美的计划？

说干就干，张磊找出自己所有的小人书，种类不够就发动集体力量，同学们一呼百应，纷纷拿出家里存货，驻马店火车站的"流动借书站"就这么轰轰烈烈地成立了。

这件张磊童年里的"大事"，也是一件"趣事"，说起来似乎很轻松，仔细品读，隐藏着令大人都肃然起敬的优秀品质。七岁的小孩儿能在热闹中看出门道，这本身就十分难得，要知道 1979 年刚刚提出改革开放的政策，还是计划经济时代，后来到了八十年代初期，小商小贩才多了起来。那时候做点小生意俗称"练摊儿""倒爷"，从称呼中可见人们对此存在偏见，并不认可。直到 1984 年，市场经济席卷而来，才掀起了辞工做生意的"下海"狂潮，这距离张磊摆摊，已经过去五年之久。

所谓成功人士的"天赋异禀"，也不是生来就有超能力。他们只是比别人想得多看得远，个个都是雷厉风行的行动派，并有着坚持长期主义的韧性。眼高手低、三天打鱼两天晒网的人，即使拥有聪明的头脑，也会和成功擦肩而过，浪费天赋，一生碌碌无为。

回到 1979 年的驻马店火车站，张磊的"流动借书站"生意相当不错。出手便盈利的成就感给张磊带大了极大的信心。此后的寒暑假，他经常到车站摆摊，书类由单一品种的小人书发展到各种各样的期刊杂志，销售模式也由简单到多样经营，租得多就送小礼物，捆绑出租，生意越来越兴隆。

生活是最好的老师，实践是成长的速成剂。张磊这位未来的资本界神级人物，在学生时代便无师自通地掌握了资本运作的巧妙方式。此时他还不懂得价值主义，便悄然实现了价值投资的成功。

"流动借书站"需要扩大经营，但人手不够，张磊的另一个天赋——"领导才能"显露出来。他把同学们组织起来，成立了一个业务能力很强的小团队，业务范围也由火车站扩大到火车上，靠着他的小人书，他们驰骋于京广线上，一边挣钱，一边实现游山玩水的心愿。用现在的话说，上大学前的张磊，已经是妥妥的人生赢家了。

这"人生赢家"可不是一句戏言，张磊上大学之前，便靠自己的本事挣到了八百元，1987年我国的月人均工资是五十元钱，张磊挣到的这笔"巨款"，足够他完成本科四年的学习生活。

除了租书，张磊在高三毕业的那年暑假，还去建筑工地做砖瓦工，这一次不算创业，只算打工。他也不是为了挣钱，与做"流动书摊"的小老板相比，工地环境艰苦，活儿也累多了。张磊这么做，纯粹是为了体验生活，感受与他所处环境完全不同的另一种人生。

这就是张磊的优点，有眼光、有能力，不会只将目标放在挣钱上。在他眼中，金钱所代表的价值是浅薄而低级的，他要通过自己的体验，找寻价值的真谛，也让自己的人生价值实现得更彻底，变得更有意义。

书本上的知识开阔了张磊的视野，锻炼出他独立思考的能力；书本之外，生活中真实的体验让张磊转换不同的社会角色，学会替他人着想，看清他所服务的对象真正需要什么。只有你的服务能够让别人满意，所做的一切才是有价值的。

求学之路上奠定的价值基石，如果浮在空中，再有力量也是不稳固的。一次次真实的人生实践，将张磊人生的价值基石深深扎进泥土中，坚如磐石，稳如泰山。

大学模拟操盘，了解股市知识

怀揣人生的第一桶金八百元，带着对理想的憧憬与信念，张磊开始了他多姿多彩的大学生活，摩拳擦掌，蓄势待发。正是在大学里，他知道了什么是资本，什么是投资，懂得了波谲云诡的金融界如带刺的玫瑰，充满危险，却又瑰丽灿烂，只有富于冒险精神，又不会被诱惑冲昏头脑的人，才会真正领略到资本运作的魅力，摘取价值投资那朵最美的花。

大学里所学的"国际金融专业"，是张磊十分"任性"的选择，作为当届河南省的文科高考状元，哪个专业分高就选哪个，这是只属于学霸的潇洒"特权"。至于金融到底是什么，这位未来资本界的传奇人物，在上大学前一无所知。而这一次看似随意的选择，将张磊的人生轨迹与中国经济高速发展的时代脉搏紧紧相扣，从某种角度而言，张磊的大学生活，与中国股票市场的发展同频共振，共同成长。

张磊与金融领域的缘分，从十八岁这一年开始。站在他今日成就的高度上回顾从前，究竟是当年那个初出茅庐的青年选择踏入资本的世界，还是资本世界在张磊读《资本论》时就已经向他招手，无从考证。一个人选择了在擅长的领域拼搏是幸运的，而张磊为这份幸运所付出的努力也有目共睹，大学四年他勤奋刻苦，没有辜负人生最美好的求学时光。

浪漫而充满人文精神的人大，"实事求是"的校训简洁明了。人大治学严谨，提倡实践，张磊除了积极参与调查、研究市场外，还和同学们一起筹划过许多活动，真正做到了学以致用，实事求是。其中有一项活动，甚至吸引了央视的目光，轰动一时。

1992 年，中央电视台迎来了几位朝气蓬勃的大学生，他们带来了一个形式新颖的活动——"股市模拟大赛"。央视第一次有这样的节目，主持人又是家喻户晓的歌手李玲玉，一下子引起了全国电视观众的注意，受到群众的热烈欢迎。

倒退几年，"股市"一词离中国的老百姓还太遥远，再新颖的电视节目，没有群众基础也不会产生轰动效应。然而，随着改革开放的深入，市场经济蓬勃发展，1992 年时，证券、基金、股票这样的名词，渐渐进入中国人的视野，普通人有了"投资"的观念。虽然还不成熟，但股票离老百姓不再遥远，逐渐成为普通人生活的一部分。在 1992 年这个节点上，中国进入了疯狂的"股票元年"。

当时的股票投资到底有多普及、多疯狂，两部红极一时的作品可以证明。1992 年，TVB 现实主义题材的连续剧《大时代》上映，震撼华语世界，引万人追捧。剧中通过方、丁两家人几十年的恩怨纠葛，将金融界的残酷、股市的生死搏杀展露无遗。经历过 1987 年"股灾"的香港，股民们心有余悸，又无法放弃股市这块有机会一夜暴富的大蛋糕，电视剧将股市浮沉、股民们的心态表现得淋漓尽致。

随着《大时代》的热映，1994 年，国内拍摄了一部名为《股疯》的电影，《大时代》的男主角刘青云同实力派影后潘虹合作。与《大时代》不同，《股疯》主要呈现的是中国初代股民的生活状态，他们为股票癫狂，又被股票逼得走投无路，这是当时中国股民的真实生活写照，他们认识股票却并不十分了解，赚钱靠运气，赔钱搭一生。

这就如同经济发展一样，有一个从感性到理性的认知过程。学习金融专业的张磊，和同学们所聊的话题也离不开如火如荼的中国股市。听闻股民人山人海地排队认购新股，目睹盲目投资导致的倾家荡产，在老师的鼓励下，张磊和他的同学们大胆尝试，决定在校园内办一场股市模拟大赛。这场大赛除了金钱只是一串数字，是虚拟的概念，其他数据都是当时企业的真实信息，模拟逼真，实践时一样令人心跳加速。

经过一年多的学习，大二时的张磊已经掌握了一定的金融学知识。在他看来，股民将股票投资理解成了简单的"投机"，不了解股市市场的运作，更不懂股票的基本面。诚然股市里存在一夜暴富的神话，看上去就像天上掉馅饼，但如果了解股票市场，掌握了一定的证券交易知识，在股票交易中也会探寻到规律，从而理性分析，做出自己的判断。判断或有对错，一味地盲目投资，只能缩小自己的胜算概率。

经历了上大学前十二年的通识教育，又读了那么多课外书，虽然是位金融新手，多年养成的独立思考能力与快速准确的行动力，让张磊很有底气，并不胆怯，反而十分兴奋，跃跃欲试。本着实地模拟体验、普及股市知识的初衷，张磊和同学们将股市模拟大赛办得有声有色，最终大赛被央视搬上银幕。

张磊人生中的第一次操盘，便展现在了全国观众的面前，不仅向大家普及了证券知识，让股民了解股市基本面的证券分析，还给当时热度非凡的癫狂股市降温，让股民们知道，"股市有风险，投资需谨慎"。

对张磊个人而言，这一次模拟操盘，对他的人生也产生了深远的影响。小时候摆书摊，对于资本的概念仅仅是"赚钱"，他认为投资就是"钱生钱"，将价值与金钱画上等号。这一次实际操盘，他理解了价值投资不是单纯的"钱生钱"，而是有着更深层的社会意义，究其根本是应他人所需，服务大众，创造出更大的社会价值。

这种想法在未来的几十年内一直伴随着张磊，无论是那个模拟操盘的年轻人，还是掌管百亿美元的资本界神话，张磊都不改初心，以人为本，在价值投资的实践中还原本质，坚持真理。这一点说起来容易，做起来很难，人生的投资道路上，是"真刀真枪"，而不是模拟，错了没有机会重来。张磊始终坚定信念，不曾动摇，这源于他本身的定力，强大的内心，也源于他在人大的经历，源于他在实践中得来的人生经验。

大学四年，张磊学到了扎实的金融知识，并有了丰富的实践经验，从金融界的新秀，成长为一名优秀的金融人才。毕业时，大家都以为成绩优异又头脑灵活、喜欢冒险的张磊会选择金融行业，张磊却放弃金融，选择了另外一个行业，继续丰富他的实践沃土，将他的实践精神进行到底。

进入国企，深入矿区

人大四年，是张磊人生中最重要的四年，在刻苦努力完成国际金融专业的学习外，身处知名的教授与优秀的同学们中间，参加过校园内外一次次丰富的调查实践活动，张磊也坚定了自己的人生观和价值观。"实事求是"的四字校训，老师"做人做事要有格局，有家国情怀"的谆谆教诲，深深铭记于张磊心中。此时的他还不是资本界的神话，但已经喜欢上金融学，并对此保持着强烈的好奇心，渴望将所学知识运用于实际工作中。

1994 年，张磊大学毕业，当时的中国金融业正在起步阶段，工作机会虽然不多，张磊如果像他的同学们那样，寻找一份在银行的舒舒服服的工作，也是完全可以做到的。然而面临择业，张磊再次显示了他与众不同的思维，多年的独立思考的习惯，让他将自己人生中的第一份职业，放在了一个意想不到的环境里——中国五矿集团。

金融精英是坐在办公室利用大量数据分析研判，矿业则是实打实地深入腹地。中国大地幅员辽阔，矿产资源在哪儿，人就在哪儿。表面上矿业与张磊所学的国际金融并不沾边，他的选择令人费解。细究他选择的原因，又非一时冲动，而是张磊的一贯作风：重视实践，喜欢换位思考。他认为被别人需要的价值才是真正的价值主义，别人到底需要什么，他要亲身去经历，才能找到答案。

在中国五矿工作的几年，张磊受益匪浅，人生没有假设，但我们可以大胆地猜测，如果他当年选择去银行坐办公室，未来金融界可能会有一位出类拔萃的投资界奇才，却失去了一位眼界更宽、格局更大、将价值主义实践到极致的里程碑式的领军人物。

同光鲜亮丽的银行相比，张磊所选择的五矿散发着大地的芬芳，朴实又博大。中国五矿集团诞生于新中国成立之初，以金属及矿产的开发为基础，行业辐射到生产、贸易、进出口等多个领域。我国矿产资源丰富，实体企业位于中国生产力的最前端，可以直观地感受到在经济变革中，中国企业的变化与受益，这也正是最吸引张磊的地方。张磊选择的矿业看似与他所学的金融业无关，实则在五矿的工作，有利于张磊进一步了解市场规律，探索价值主义在企业的实际发展中的指导作用，从而直观地看清楚价值主义实现的全过程。

进入五矿，张磊做的工作是收取各地矿产品，这就需要他经常出差，行走于各个省份的矿区之间。我国的矿产资源有一百多种，分布于祖国各地，张磊去收矿的过程，也是行走于祖国大好山川的过程。这听上去很浪漫，似乎与张磊少年时的"游侠梦"不谋而合。精神世界的浪漫往往与现实是相悖的，矿产资源大多在交通闭塞的偏远地区，九十年代初，我国的交通基础设施还处在发展阶段，还没有实现高铁动车四通八达，张磊出一次差往往是火车、汽车、小巴来回换，名副其实的"风尘仆仆"。

风尘仆仆却不灰头土脸，在路上的张磊总是精神抖擞，干劲十足。他喜欢出差，与路途中的辛苦相比，他喜欢在路上的感觉，喜欢实地考察，这个过程让他对中国大地的广袤有了更切身的认识，更执着的热爱。亲手触摸祖国的一山一水，用自己的双脚丈量广袤大地，这是书本上学不到的知识，也是靠想象无法升华的情感。从小城驻马店，到首都，到海外，到世界各地，张磊无论身在哪里，心中都充满对祖国沃土的深深眷恋。

张磊对任何事物都抱有强烈好奇心，一年上百次的出差，非但没有让他产生惰性，反而成就了他爱观察、爱思考的好习惯。除了做好收矿的本职工作，张磊还观察当地的风土人情、民俗特点以及在社会变革的春风之下，当地经济发展的实际情况和百姓生活上的变化。每一个细微的观察都令张磊的内心受到震撼，也将他的思维空间拓展得更深更广，对他后来在价值投资领域的每一次重大决定，都产生了重要的影响。

张磊在五矿的工作，收获并不比人大四年的学习少，反而更多。除了本职工作带来的经验与思考，张磊的另一个收获来自他的同事们，一群同样有理想、有干劲又不断在思考、调整人生方向的年轻人。仿佛武侠小说中的"华山论剑"，张磊经常和同事们一起讨论，从多个角度探讨他所关心的时事以及中国未来的发展。在这个积极向上的集体中，张磊深受鼓舞，抱负远大，止步于当下不是他的风格，对于未来，他又有了新的想法。

出国这个念头起初并不在张磊的人生计划中，后来他有了出国的想法，是受工作的触动，也是被当时社会上的出国热带动，最终做了一名时代的弄潮儿。

五矿的前身有一部分是中国五金电工进出口公司，后来发展壮大，矿业的进出口业务做得也很不错。张磊在工作中经常和国外的客户交流，渐渐萌生去国外看一看的想法。西方国家在金融领域的发展比我们国家要快，金融体系更加成熟完备，而当时张磊身边的同学们也纷纷踏上留学之路。走出国门，增长见识，是九十年代初期一部分中国知识分子的愿景。

影视作品往往是现实生活的真实写照，脱离了现实生活，观众就得不到共鸣，火爆的文艺作品一定是源于现实生活，是人们内心想法的真实写照。1994 年，就有这样一部电视剧，主人公的经历牵动着亿万观众的心，戏里戏外同喜同悲，这部剧就是《北京人在纽约》，导演和主演后来都成为家喻户晓的大明星。从剧名便可看出，它主要是讲中国人在美国的留学生活，之所以在当时引起轰动，是因为它引发了许多留学生及留学生家庭的共鸣。

出国，说起来容易做起来难，可谓是一步一个绊脚石。张磊放弃稳定的工作，从头开始，拿出他幼年独闯少林的冲劲儿，排除万难，漂洋过海，来到了大洋彼岸，实现了他的留学梦。

兜兜转转，带着在五矿几年积累的工作经验，更丰盈的对于人生与未来的思考，张磊来到耶鲁大学，同时进行 MBA 与国际关系两门硕士课程的深造。他将积累人生经验的舞台，扩大到了地球的另一端。

异国求职，天才不懂面试

纵观成功者的履历，大多笼罩着名校光环，虽然生活中也不乏草根英雄，但学得多，看得多，懂得就多，成功者的人生之路往往会被知识铺就，比普通人的更加平坦。

张磊的人生之路，在1998年这一年，通往世界知名的高等学府——耶鲁大学。

要么不做，要做就做最好，不将就！这是张磊的倔强，是他不曾动摇过的原则。出国之路艰难，难不倒越挫越勇、字典里没有"失败"二字的张磊。他辞去工作，全力以赴准备留学，最终拿到七所大学的录取通知书，个个都是顶尖名校。

因为耶鲁的奖学金以及硕士双学位的吸引，张磊来到耶鲁，很快喜欢上了这所名校，还有耶鲁大学所在的纽黑文市。耶鲁大学与中国留学生颇有缘分，早在清政府统治时期，就曾接收过来自中国的留学生；后来耶鲁又建造了东亚图书馆，中文藏书数量多，种类丰富，在美国的中文图书馆中排名名列前茅……这些渊源令张磊倍感亲切。

耶鲁大学的校训"Lux et Veritas"，翻译成中文是"光明与真理"。张磊在耶鲁的学习生活可以用"如鱼得水"来形容，在国内学到的金融知识与实践经验，并没有禁锢他的思维，反而令他很快融会贯通，在东西方不同思维体系的碰撞交汇中寻找共通点，打破壁垒，扩大思维空间，提升思维能力。

　　相对于西方国家，我国的金融市场属于后起之秀，起步晚，发展快。张磊读大学的时候，中国金融市场还是个雏形，他所学到的金融知识都仅仅停留在书本理论阶段，实践活动中的模拟操盘也只触及金融市场的冰山一角，那时候西方国家的金融市场经历过由鼎盛到萧条再重新繁荣起来的全过程，在震荡中成长为一个先进的现代化金融生态系统。这是张磊一直渴望的真正的金融"沃土"，他在这片沃土中可以真实地了解金融市场的发展进程，学习价值投资的精髓。

　　如饥似渴地陶醉于知识的海洋中，张磊享受着学习的乐趣，却又苦恼于学费和生活费的来源，毕竟知识再美妙，也无法当饭吃，不能解决他的温饱问题。耶鲁大学只提供第一年的奖学金，第二年开始，所有费用都要自行承担。张磊开始在繁忙的学习之余打零工，赚学费。他不怕辛苦，也得到不少工作机会，第一学年结束，张磊放弃了做零工，准备找一份全职工作，既能当作暑期实习，收入也更加稳定。

　　学习了金融这么久，张磊还没有做过与金融有关的工作，他开始往返于纽约和纽黑文市之间，去华尔街的投行和管理咨询公司面试。

　　当年窘迫到车费都要跟面试公司预付的张磊，自己可能也想不到，十几年后他会成为整个投资界的传奇、资本界的神话，他的名字在华尔街如雷贯耳，是人人钦慕的响当当的人物。那时候奔波于各个公司面试的张磊，经历着一次又一次的挫折，这就是华尔街的魅力，翻手为云，覆手为雨。天才也需千锤百炼！这也是金融界对张磊的考验——在面试规则面前，是屈服于传统思维，给出迎合他人的答案，还是忠于自己，说出内心真正想说的话？

　　忠于自己是要付出代价的。眼看着同学们准备充分，按面试法则出牌，最终都在华尔街谋到了实习机会，张磊得到的机会本就不多，又在不多的面试机会中不按常理出牌，每次都说出真实想法，拿到二次面试的机会就更少了。他这位千里马，一直也没有遇到华尔街的伯乐。

　　令张磊印象最深的一次面试，是波士顿的一家管理咨询公司。向对方预支了路费后，张磊坐到了面试官的面前，面试官提出的问题简单有趣："在某一设定区域内应该有多少家加油站？"有经验的面试者善于窥探出题人的想法，会马上明白面试官想听到怎样的答案，于是像套用公式一样，按人口比例、家庭比例、车辆数等基本数据，推算出一个可能符合预期的答案。与其说这样的面试者是合格的咨询师，可以产出标准答案，不如说他提供给客人的咨询方案，只不过是一道套用公式的数学题的答案，里面并没有基于事实的理论分析，也没有根据地域及市场变化进行应有的调整。

张磊是不会鹦鹉学舌的，哪怕已经穷到连车费都要预支。对于面试官的提问，他灵活的大脑马上开始高速运转，超强的独立思考能力让他的答案迅速变成十万个为什么，列举了一长串的"为什么"反问面试官。比如，这个区域内就一定要有加油站吗？人们到底是不是真正需要加油站？针对人们的需要，加油站的功能是否全面？也许人们更需要加油站里的便利店，而不是为了给汽车加油……这一系列的"为什么"直接把面试官问蒙了，结果可想而知，他的工作机会又一次化为泡影。

一连串的失败，让张磊意识到面试是有标准答案的，即使找到了通过面试的方法，张磊也不打算改变策略。在他看来，放弃表达自己的真实想法，去迎合他人而得到的工作机会，就像考试作弊一样，那不是真正的他，真正的他一定会坚守内心，自由地表达。耶鲁教会张磊"诚实地面对自己内心的想法[1]"，在"光明与真理"面前，"我就是我，不一样的烟火"。

不懂面试法则的商业天才，在九十年代的那个夏天，被华尔街拒之门外。找不到暑期工就赚不到学费，张磊静下来倾听内心真实的想法，依然坚定地相信他的思维方向是正确的，他可以在这个十字关口，

---

[1] 张磊：《价值》，浙江教育出版社，2020 年 9 月第 1 版，P032。

做出最正确的选择。

几经考虑，张磊做出的选择是休学一年，回到国内创业。仅仅为了坚持自己，就放弃华尔街，舍近求远回国谋生，这样的"忠于内心"是不是代价太大？旁人或许会有这样的疑问，但张磊坚定地相信自己的判断，一旦做出选择就绝不后悔。

他很清楚，自己选择在这个时候回国创业，不仅是为了挣钱交学费，更因为他感受到了国内互联网大业的召唤，站在美利坚的土地上，中国大地日新月异的变化，激发了他身体里一直没有停歇的、创业的热血。

休学回国，创办互联网站点

暑期实习的目标没有完成，被华尔街拒绝了的张磊休学回国，听上去这位投资大佬年轻气盛，似乎十分任性。但是张磊如果真的任性，就不会成为后来的千亿美金掌门人。任性图的是一时的快感，与张磊奉行的长期主义背道而驰，在他每一次看似"任性"的选择背后，都是他透过现象看本质的理性思考。

喜欢新事物，一直保持着少年时的好奇心与求知欲，时时做好挑战新生活的准备，这使得张磊做任何事都充满热情，坚决果断，不拖泥带水。同时，大量的阅读沉淀出稳重老练的学者品格，在东西方双重思维体系下，又养成张磊眼光敏锐、善于独立思考的习惯。宜动宜静，出手快而准，这样的人物不成功，谁会成功呢？

成功者并非一步登天，总有个循序渐进的过程。1999 年的夏天，囊中羞涩的张磊还没有成功，但拉开了即将成功的序幕。他办理休学，带着魄力与勇气回到祖国，开启了人生中第一次真正的创业。

回国创业看似冲动，其实是张磊审时度势、深思熟虑后的决定。当时互联网如龙卷风般席卷美国资本市场，随之而来的互联网经济成为美国经济市场的一股新浪潮，风头强劲，一浪高过一浪。硅谷是这场浪潮中的神话缔造者，这里集中了全世界最优秀的计算机人才，一个个代码组成了魔法般的互联网技术，科技力量强悍到直接换钱，硅谷诞生出的千亿美元产值怎能不令人疯狂！

所有美国人都在憧憬着依靠互联网钱生钱，互联网企业成为风投市场的宠儿，也是美国市场上的兴奋剂。互联网行业点石成金，带动经济繁荣，在这场信息技术革命中，互联网成功了。

美国经济市场上互联网企业的崛起，也触动了一批在美国留学的中国学子，其中有学金融的张磊，也有学计算机科学的李彦宏。1999 年，李彦宏离开美国，回到国内创办了百度；在硅谷的电脑天才梁建章回国创立了携程。同一时期，国内的年轻创业者也感受到了国际市场不同寻常的变化，他们抓住商机，只争朝夕，纷纷行动。马云创办了阿里，马化腾创办了腾讯。张磊的人大学弟刘强东在中关村开了店，业务内容虽然只是卖光碟，小店的名字"京东"却在日后无人不知。借着全球互联网蓬勃兴起的东风，国际、国内蒸蒸日上的大好互联网环境，张磊此时休学回国创业，可谓明智之举。他没有错过 1999 年这个"中国互联网星空闪耀的一年"，而是亲身体验到了置身于风口中心的感受，从中获得了至关重要的创业经验，为他后来的二次创业做好了充分的准备。

与这一次创业相比，七岁摆书摊只能算是"过家家"，从学生时代做生意到大学里的实践活动、工地搬砖、在耶鲁打零工，都是张磊人生中的"小试牛刀"，学了那么多金融知识，积累了那么多实践经验，从人大毕业六年后，张磊这位金融专业的高材生，终于走上创业的舞台，开始真刀真枪地干起来。

1999 年，张磊回国创立了一家专为中国创业者服务的网站，这个网站有一个响亮的名字——"中华创业网"。

想要在风口浪尖的互联网世界分到一块蛋糕，要有真本事才行。这块蛋糕要从哪里下口才能吃到嘴里？才不会扑个空，甚至血本无归？张磊想了很多。凭借扎实的金融专业知识，丰富的实践经验，独特的思维方式，张磊想得深、看得准，最终将创业定位于互联网服务业。

当时从美国回国创业的互联网精英，大多是理工科出身，技术过硬，企业产品做得好，他们的专长是埋头苦干搞研发。再好的产品也需要宣传推广，拿到融资后将产品卖出去，才会有研发经费，才能盘活企业，实现产品的商业价值。为了使企业挣到钱，就必须要做商业计划书，进行融资谈判，而新兴的互联网企业大多在这方面是弱项。酒香也怕巷子深，国外的投资人看好中国互联网的长远发展，想投资却无从下手，新兴互联网企业在贸易中是"小白"，拿不出详尽完美的计划书，无法将企业的优点展示得淋漓尽致。投资人不了解企业，不敢轻易出手，有钱投不出去干着急，生怕错过了商机。张磊看到了互联网创业投融资中的痛点，而他们的痛点，正是他这个金融专家的强项，帮助中国互联网企业拿到国外融资，就是张磊建立"中华创业网"的最终目的。

搭建"中华创业网"这个融资平台，张磊费尽心血。他很清楚，这个平台不是起一个简单的"媒人"作用，介绍投资人和企业认识就行，他要做他们之间紧密合作的催化剂，要更好地让他们了解彼此，看到对方的优点，萌生情愫才能"喜结良缘"，达到双赢。怎样才能让他们"爱上彼此"？张磊和他的伙伴们夜以继日地研讨，分析投资人对哪些方面感兴趣，互联网企业的业务短板在哪里，作为融资平台，他们该怎么做才能弥补企业短板，让企业有更广阔的发展空间。

本着实事求是的原则，张磊和他的伙伴们废寝忘食，研究最佳商业模式，努力制订完美的商业行动方案，取得了投资人和企业的信赖。从创业到盈利，张磊仅仅用了半年的时间。

张磊的互联网平台存在了一年，这一年他从无到有，又从盛至衰，见识了钱生钱的奇迹，也目睹了互联网泡沫的破灭，经历如坐过山车般的跌宕起伏。由于发展太快，许多企业无法拿到新一轮的融资，搞研发需要钱，卖产品也需要花钱宣传，断了资金链的初创企业纷纷折戟，那几位 1999 年创业、日后风光无限的大佬们，当时也在苦苦支撑。张磊不恋战，及时收手，他创业的目的是赚钱交学费，从某种程度来说已经算完成任务了。

公司关了，钱不能不还，张磊坚持不能让投资人的钱打水漂，就算投资人没说要，他也坚持还钱，这是他做事的原则。在以后的投资生涯中，张磊也从来没有违背这条原则，不管在多么困难的情况下，对帮助过自己的人，他绝不做损害对方利益的事情。

一年的创业结束，时间不长，收获颇丰。张磊那个爱思考的大脑又在不停地旋转，就像当初面对加油站那道题一样，张磊开始不停地问为什么，这一次他问的不是面试官，而是他自己。

互联网蕴含着巨大商机，魅力无穷，怎么做才能规避风险，实现长期主义的价值投资？

带着一连串的疑问，张磊回到耶鲁，继续未完成的硕士学业。

从耶鲁基金的实习生到纽交所首席

创业一年，再次回到美国，继续在耶鲁的学习生活，张磊还是那个对一切有着强烈好奇心的年轻人。他每日沉浸在东西方文化交汇的学习氛围中，没有因为第一次创业的盈利而洋洋得意，也没有因为迅速消失的互联网泡沫而怨天尤人。和从前一样，他积极、热忱，沉稳又专注，似乎没有任何变化。

只有张磊知道，第一次的创业带给他的变化一直藏在心底，直到几年以后，这变化发酵成熟，促成了他第二次创业的决心与信心。他没有一天不在思考中国互联网的未来，并时刻准备着跃身于这未来中，和中国的互联网经济一同成长。

在张磊的价值实践沃土里，这次的创业经历也为他积蓄了丰足的养分。张磊在《价值》一书中曾这样形容他的第一次创业："如果当时我只是隔岸观火，恐怕我永远无法理解其中的逻辑与深意。"

回到耶鲁，张磊对于价值投资有了更直观的心得。在设身处地地感受价值投资的同时，他产生了许多疑问，开始找寻答案。找寻的过程也是成长的过程，幸运之门再次向张磊敞开，他遇到了人生中最重要的一位亦师亦友的长者。

耶鲁大学久负盛名，同样让"耶鲁"两个字熠熠生辉的，除了它的大学教育，还有另外一个机构——"耶鲁投资办公室"。众所周知，耶鲁的校友个个身怀绝技，每年母校都会收到大笔捐款，这些捐款构成了庞大的耶鲁大学基金，耶鲁投资办公室负责捐赠基金的投资，被称为"财富魔法""世界上最会赚钱的投资机构"。

事实上，正是先有耶鲁捐赠基金的诞生，才有了现在的耶鲁大学。1718 年，一位名叫伊莱休·耶鲁的英国商人，为一所新建的大学学院提供了自己的 417 本书。为了纪念这位善者，学院重新命名为"耶鲁大学"。耶鲁捐赠基金历史悠久，基金投资成熟先进，有自己的理念和投资态度，在严谨中发展创新之路，和张磊对于价值投资的理解一致。

第二次来到美国继续求学的张磊，仍在寻找工作机会。一次偶然，他路过一座漂亮的维多利亚风格小楼，这里就是耶鲁投资办公室的所在地。张磊走进小楼，为自己争取一个实习的机会，曾在课堂上见过的大卫·史文森老师，成为张磊的面试官之一。

在耶鲁投资办公室面试时，已经吃过面试的"亏"，也知道了面试诀窍的张磊，依然"我行我素"，知之为知之，不知为不知，遇到会的问题他侃侃而谈，说出真实想法，遇到不会的问题也不东拉西扯，而是老老实实地回答"不知道"。作为投资人，他的身上没有圆滑的商业气息，反而有着坦诚的风骨。能在耶鲁投资办公室实习，是所有年轻投资人梦寐以求的，张磊也对此心驰神往，却并不想靠技巧取得实习机会。

这一次，张磊来对了地方，找对了人，史文森老师惊讶于他的诚实，欣赏他坦诚的勇气，张磊就这样得到了珍贵的实习机会，在大名鼎鼎的耶鲁投资办公室，在"投资教父"大卫·史文森的身边。

进入耶鲁投资办公室实习，对张磊而言，是在对的时间找到了对的地方，遇到了对的人。通过在这里的实习工作，张磊了解了美国投资机构的成长史，创业时产生的疑问，怎样才能做到长期主义的价值投资，在这里也找到了他想要的答案。如果张磊来得早，没有之前的创业经历，可能他的感受不会这样深刻，领悟也不会这样透彻。站在实践的沃土上，张磊的知识大树又多出了几根有力的枝丫，冥冥之中的机缘巧合，是命运的推动，也是张磊一次又一次正确选择的必然结果。

在耶鲁投资办公室的实习经历，直接影响了张磊毕业后的择业。张磊对于投资的兴趣越发浓厚，开始了他在投资领域的大展拳脚，将所学所知用于工作中，又从工作中收获经验，为以后的二次创业打下了良好的基础。

从耶鲁大学毕业后，张磊先后有两段就职经历，可以说，如今的掌门人也曾是打工人，但他打工时也是风云人物，在本职工作中做出了骄人的业绩。

第一次就职是在全球新兴市场投资基金工作，负责南非、东南亚及中国的投资。这份工作除了与张磊的金融专业挂钩，他早年在中国五矿的工作经验也派上了用场。早年在国内的工作经历让他经常出差去南非研究矿产资源，使他对矿产十分熟悉。从张磊的履历中我们也可以总结出一条人生箴言：所有的经历都是人生财富，不怠慢每一次努力的机会，或早或迟，终会获得珍贵的回馈。

第二次就职，张磊进入纽约证券交易所，担任中国首席代表。他也是这个职位的首任，是他创办了纽约证券交易所驻香港和北京办事处。这又是一段虽然短暂却颇为传奇的工作经历。

2002 年，美国通过了《上市公司会计改革与投资者保护法案》，旨在对公司的管理与监管做出更多的规范。张磊的工作便是向在美国上市的中国企业讲解美国法律，展开交流，创造更多的合作机会。这项工作让人们看见了张磊之前很少展露的另一项才华——口才。张磊思路敏捷，表达清晰，不愧是名副其实的文科状元。

高管的工作，带给张磊优渥的薪资、稳定的生活，他不再是那个被华尔街屡次拒之门外的穷学生。对许多人来说，奔赴美国的目的不过如此，从此可以过上安逸的生活。

安逸不是张磊追求的生活目的，远远不能满足他那颗一直为生活而沸腾的心。两次就职经历，让张磊看到了全球新兴市场的崛起力量，在这股力量中，最为耀眼的当然是中国力量。国内经济飞速发展，互联网泡沫时期一批企业倾覆，也有企业坚持了下来，终于等来了互联网腾飞的春天。

张磊不会让自己错过这样美好的春天，他放弃了美国高薪稳定的生活，回到国内，从头开始。

第三章

寻找价值，宝剑出鞘

　　张磊自小就喜欢武侠故事，崇拜真正的大侠，他性格里热情又刚直的一面，和大侠还真有几分相似，而他的经历，也如大侠一般传奇。郭靖练遍各门派武功后华山论剑，一战成名；令狐冲剑走偏锋终成为恒山派掌门，笑傲江湖；创业达人张磊，在时间与经验积累到一定程度后，又一次站在了创业的路口。这一次，他有在耶鲁基金实习经历的加持，胸有成竹，十拿九稳。

耶鲁基金，改变命运的相遇

　　人的一生，是一场自我完善与提升的修行之旅。前路漫漫，在人生的每个路口，我们都会认识不同的人，遇到不同的事，从而影响我们的选择。于张磊而言，耶鲁基金在他生命中扮演着无可替代的角色，与那栋维多利亚式小楼（耶鲁投资办公室）的邂逅，是一次改变命运的相遇。

　　张磊到耶鲁基金实习，起初只是为了赚学费和生活费，渐渐地，他在工作中感受到了耶鲁基金与众不同的魅力，认识到了机构投资的举足轻重。这里无论是在职人员还是实习生，都各司其职，严谨专业，没有人混日子，哪怕是实习生，也会为耶鲁基金共同的长期目标而认真工作。这是耶鲁基金保持长期业绩的原因之一，与张磊认同的价值长期主义完全一致。这里没有只看重眼前利益的短视者，只有不断学习、不停思考、将投资理念视为信仰的专业投资人。

　　耶鲁基金历史悠久，前文曾提到，耶鲁大学的诞生，正是由一笔慈善捐赠开始的。后来随着学校名气远播，校友力量的壮大，每年都会收到数额不菲的捐赠资金。为了更好地管理这部分慈善款，1890 年，耶鲁大学基金会（Yale Endowment）正式成立。

　　耶鲁基金会正式运作后，百余年来的历史也是起起伏伏。最初以保守型的投资模式稳扎稳打，风险小，利润也小，发展速度慢。随着现代投资理念的变化，耶鲁基金也逐步调整投资分配比例，摸索经验，大胆尝试。到了 20 世纪六七十年代，在通货膨胀的压力下，基金重回投资的传统模式，中规中矩，一直也未有大的起色。随着美国经济的复苏，直到 1985 年，一位在投资领域影响巨大的教父级人物大卫·史文森（他不但影响了耶鲁基金，对张磊个人的成长也影响深远）进入耶鲁基金，才开启了耶鲁基金辉煌的新篇章。耶鲁捐赠基金逐渐成为"全球长期业绩最好的机构投资者"之一，著名的"耶鲁模式"诞生，被投资者奉若"圣经"。

八十年代中期，耶鲁基金重新崛起之时，也正是我国开放国门的变革之时。当时如火如荼的"出国热"中，大批的知识分子勇敢地来到异国他乡，选择了艰苦又奋进的留学生活。在中西方教育的熏陶下，他们的思想先进开放，心态包容宽广，为未来事业上的成功奠定了坚实的基础。张磊便是其中一位。进入耶鲁基金实习，是张磊创造资本神话的序曲，为张磊的创业之路起到了推波助澜的作用。

张磊全身心地投入他的实习工作中，汲取着耶鲁捐赠基金带给他的营养，一刻不停地提升自己。从机构投资的历史，到如何成为机构投资的佼佼者，张磊总结参悟耶鲁捐赠基金的特点，结合自身状况去思考，对未来之路有了更加清晰的认识。他意识到在金融领域中，机构投资的作用越来越重要，而市场也需要大批优秀的投资管理专业人员。耶鲁投资办公室为美国的投资市场输送了多位成功的投资人，每一位的成功事例都让张磊热血澎湃，摩拳擦掌，想亲身一试。

除了严谨、专业，耶鲁基金还有一条准则，用中国人的说法来形容，叫"有人情味儿"。作为全球知名的投资机构，耶鲁基金不是逢机会就投资，而是有自己的道德考量。他们选择的投资对象，必须有道德、讲信誉、职业操守过硬。这条从未被颠覆过的考核标准，使得最会赚钱的耶鲁基金不但没有铜臭气，反而显得纯粹高尚，胸怀广博，值得信赖。

依靠耶鲁基金，耶鲁大学在发展的道路上畅通无阻。这笔丰厚的基金不但能保证学校的日常运作，软、硬件都很先进，而且在美国经济起伏的阶段，能保证教职工的薪酬福利不受通货膨胀的影响，有利于学校教学的稳定。机构投资要赚钱，却不仅以赚钱为目的，伴随着对耶鲁基金的深入了解，张磊也在思考，他未来的创业之路要如何走下去，才能服务大众，创造出更多、更长远的社会价值。

在耶鲁捐赠基金的实习经历，也带给了张磊思维体系上的冲击与升华。人只有想不到，没有做不到，大多数人的思维都有局限性，广度与深度不够。高手之所以能建功立业，是因为他们的思维死角会一步步收缩，变得越来越少。张磊本身就有独立思考的好习惯，东西方思维体系的融合，又开阔了他的视野，培养了他的大局观。随着人生阅历的增加，知识体系的丰富，这位从七岁就开始摆摊并收获颇丰的商业天才，身体里的创业激情再次涌动，始终被"闯出去，做一番大事业"的铮铮誓言召唤着。

张磊的人生经历，比大多数同龄人都要丰富，因为爱冒险，总是好奇生活中未知的领域，他生活的环境一直在不断改变。他的求学之路，由驻马店到北京，由国内到国外；他的工作经历，从与金融不挨边的矿区，到纽交所西装革履的精英首席。随着生活的城市与环境的变化，张磊阅尽社会百态，对不同的市场环境有了感同身受的认识，也了解了与自己完全不同的人如何生活，他们对价值又有怎样的需求。

辞去高薪工作后，张磊准备回国。与上次休学回国时的状况不同，这时张磊完成了在耶鲁大学的学业，有了在耶鲁基金实习的崭新体验以及在纽交所的实际工作经历，思想上更加成熟，对投资领域有了更深入的了解，他寻找到了想为之奋斗的创业目标："对创新的拥抱而不是抗拒，成为我今后投资的重要主题。"（摘自张磊《价值》一书）

提到创新，当时正有一个崭新的、庞大的市场为世人所瞩目，这也是一直吸引张磊、让他放不下的市场——中国经济正在蓬勃发展，潜力无限，还有哪里会比正在崛起的中国市场更魅力无穷呢？

张磊终于坚定信念，回国创业。

中国互联网力量崛起，触发创业激情

2005 年，张磊放弃在美国高薪舒适的生活，回到国内，重新站在命运的起跑线上，蓄势待发。

选择这样一个时间节点回来，是理想主义的召唤，是内心激情的驱使，是多年经验积累后的水到渠成，也是国内互联网发展蒸蒸日上的良好机遇的吸引。世界即将进入互联网时代，在这股洪流中，中国互联网高调崛起，成为最不能忽视的力量，市场潜力巨大。

人们常说"时势造英雄"，时代的发展与个人的命运紧紧相连，个人能力再强，如果不顺应经济发展规律，和时代前进的脚步不合拍，与资本市场的需求背道而驰，成功的概率也会很低；反之，审时度势，抓住商机，便有了天时地利的优势，成功在望。凭借冷静的头脑、超强的独立思考能力，张磊敏锐地捕捉到了变革中的机会，他判定国内的互联网发展环境越来越成熟，时不我待，回国的时机，就在当下。

精准定位是成功的先决条件，回望 2005 年这个对中国互联网来说非常重要的年份，张磊果断的抉择令人钦佩。

那么 2005 年的中国互联网，到底是怎样的风起云涌呢？

1946 年，世界文明史上人类第一台计算机诞生于美国，20 世纪 50 年代，互联网技术被应用于军事领域，以及通信与管理领域。随着技术的不断创新，到了八十年代末期，互联网已经融入普通人的生活中，所提供的服务越来越全面，让人们的生活变得越来越便捷。商业互联网成为大势所趋，其中蕴含无限的商机，一部分眼光独到的创业先驱，纷纷加入互联网的淘金时代。

　　我国在 1994 年实现了与国际互联网的全面连接，在突飞猛进的经济发展大势中，中国互联网高歌猛进，势如破竹，迅速在企业管理、家庭学习及休闲娱乐中占得一席之地。千禧年过后，中国普通家庭的家用电器大件，从彩电变成了电脑，互联网为中国人打开了一个信息飞速传播的新世界。然而，那时候还是拨号上网，与现在的宽带上网比较起来，操作很麻烦，占用电话线，按小时计费，费用对当时中国人的收入来说不算便宜，但仍然受到年轻人的热烈欢迎。网上冲浪、聊天室、BBS 论坛等名词渐渐成为人们娱乐生活的一部分，到了 2005 年，人们已经习惯了在网上看新闻、查资料、听歌、看电影，甚至还在网上阅读，使得纸质书市场受到不小的冲击。人们在接受互联网新事物的同时，观念与生活习惯都在悄然改变。新旧交替之际，互联网的商业潜力成为资本市场新的大蛋糕。

　　翻阅当年的数据，截至 2005 年，我国的网民数量剧增，已突破 1 亿；东方巨龙成了世界排名领先的互联网大国，能够上网的计算机达到 4000 万台以上；许多企业依靠互联网进行交流，比如，商业伙伴间直到今天都在用的联络方式——电子邮件。互联网也成为年轻人主要的娱乐方式之一，他们利用软件进行网络聊天，闲暇时打打联网游戏。互联网的兴起，衍生出"网吧"这一场所，一部分人靠它赚到了人生中的第一桶金。而互联网的潜力远不止于此，真正的造梦者已经前赴后继地投身于互联网市场中，办企业、建网站、做软件，创业者们的前赴后继昭示着中国互联网真正的春天到来了。

　　互联网市场在很短的时间内繁荣起来，是经济发展的必然。为了应对行业的变化，我国出台了一系列规范互联网市场的细则。2005 年的年初，中国互联网协会行业自律工作委员会网络版权联盟在京成立；同年，《非经营性互联网信息服务备案管理办法》《电子认证服务管理办法》等文件出台，详细制定了管理互联网的规章制度；同年9月，国务院新闻办、原信息产业部发布了《互联网新闻信息服务管理规定》；2005年11月，经过北京奥组委认证，搜狐网成为2008年北京奥运会赞助商，专门提供互联网服务。这是中国互联网发展史上浓墨重彩的一笔，从中可以清楚地看到中国互联网的发展，也体现了国家对于中国互联网发展的扶持与良苦用心。

借助为奥运服务的东风，我国成功注册全CN国家域名数量突破百万，高居亚洲地区首位，在世界排名中位列第六。2005年底在国内各大城市进行了数次讨论中国互联网发展趋势的重要会议；在世界峰会的评比中，中国网站也第一次成功拿到了互联网国际大奖。这一切为属于中国互联网的2005年画上了圆满的历史句号，也是中国互联网蓬勃发展最强有力的时代序章。

大幕徐徐拉开，当时远在大洋彼岸的张磊，在繁忙工作之余，一直密切关注着国内形势。他为中国互联网的发展而激动，隐隐感觉到，曾无数次憧憬过的属于中国人的互联网时代，终于要到来了。

在2005年之前，张磊曾有过一次在互联网行业创业的经历，之前从耶鲁休学，回国创业，他便创办了专为创业者服务的网络平台。当时中国互联网的发展还不够成熟，泡沫来得快去得也快，这也许是命运跟未来的投资掌门人玩捉迷藏，如果当时互联网环境稳定，张磊的网络平台发展壮大，也许他就不会再次回到美国，和耶鲁基金相遇，也不会在投资领域发展，而是成为"互联网神话"了。

虽然那次创业时间短暂，但张磊对中国互联网的期许从未改变，他亲历了互联网泡沫的消亡，也明白要给小小的芽儿充分成长的时间，它才会还给你成片的草原与森林。2005年回国，张磊认定中国的互联网正处于"星星之火，可以燎原"的上升势头，这一次他决定正式以投资人的身份出击，为互联网创业者们把薪助火，以崭新的创业模式实现长期主义的价值投资，创造出更多的社会价值，也实现自我的人生价值。

了解创业者的创业轨迹，以投资人独到的眼光寻找合格的被投资人，这是张磊在创业前的功课之一。他的心中已经有了完备的对创业者的衡量标准，而那些已经成功的创业者案例，会让他更理性地判断出新手创业者的实力与潜力。

为了给创业做准备，张磊对当时中国互联网的风云人物，势头正劲的互联网企业都做了深入了解。这位生活中浪漫儒雅的文科状元，对待工作理智踏实，从来不打无准备之仗。

"博客元年"开启探索之旅

纵观中国互联网的发展，可以大致分为四个阶段：九十年代末，中国互联网兴起，到千禧年过后的 2002 年为第一个阶段；2003 年到 2005 年的三年为第二个阶段；2006 年至 2008 年为第三个阶段；2009 年至今为第四个阶段。可以说，张磊的创业史，也是一部中国互联网的成长史。

中国互联网发展的第一个阶段，即九十年代末，也正是张磊从耶鲁休学、回国创业挣学费的时期。这一阶段大批优秀的留学生纷纷回国创业，干得有声有色。当时张磊苦于在暑期找不到实习机会，毅然决然地跟上其他人的脚步，在互联网大热时小试牛刀。

在第一阶段，国内的互联网发展还不成熟，许多互联网企业在创业后不久就坚持不下去，纷纷倒闭，仅有的几家也在苦苦挣扎，张磊最终也关闭了公司。虽然这次创业只持续了不到一年，看似是失败的，但张磊从中获得了宝贵的创业经验，对中国互联网的发展有了切实体验，这是隔岸观火无法得到的收获。"一回生，二回熟"，朴素的道理中包含着智慧，没有那一次果断休学回国创业，张磊也不会有 2005 年创业再战的胜算。

2002 年至 2005 年，是中国互联网再起步的第二阶段，此时美国互联网的泡沫消亡期来临，一大批创业者品尝到了失败的滋味，不得不关闭自己的公司。互联网经济经历了一夜春天的奇迹，而后面临一夜寒冬的衰败，连带着美国经济也大幅衰退，"互联网"三个字似乎成了"彼时灵药，此时毒药"。

美国互联网"财富神话"已延续了十个年头，全盛时期，全美70%的风险投资人涌入了互联网；到2002年，面对美国互联网经济的低迷，还在苦苦坚持的门户网站仅剩1%左右。这些幸存者被迫开始思考如何重振旗鼓。当时的美国拥有2亿人口，网民占人口总数的一半，互联网市场饱和，即使再次回春，也只是保持市场的稳定，不可能重现财富神话。于是，他们将目光转向了亚洲市场。在遥远的东方，当时拥有12亿人口的中国巨龙，网民仅有几千万，巨大的互联网市场散发着诱人的香味，这里即将诞生新的财富神话，而且会更迅速、更庞大。

对于中国互联网市场作出准确研判的，不只有精明的美国投资人，还有时刻关注国内互联网发展的张磊。经历过在中国互联网创业的波折后，张磊并没有失去信心，反而更有经验。以他对市场规律的了解，虽然当时全球互联网都经历了盛极而衰，但中美两国的情况是不一样的。在美国的求学经历以及后来在华尔街的工作经历，都让张磊感受到美国互联网到了成熟后的瓶颈期，下一步他们要做的是调整互联网发展战略，重新寻求出路，想恢复到鼎盛期很难，保持市场平稳就是胜利。而中国互联网的情况则完全不同，这个新兴的资本市场在经历萌芽期的阵痛过后，必将爆发新的能量，在全球互联网的发展中起到重要作用。

任何事物的发展都无法一帆风顺，起伏不定、风雨交加是常态，历练过后才能修成正果。中国互联网第一阶段出现泡沫期也是必然，经过这一阶段后，去粗存精，那些蹭互联网热度、本身实力不强的企业被淘汰，在困难中咬牙坚持、苦苦寻找新出路的互联网企业才有一线生机。他们顽强的生命力，预示着一旦大环境利好，他们就有机会创造出新的价值，从而让企业继续发展，甚至发扬光大。

有独立的思考能力，遇事冷静分析、不人云亦云，这是一名合格投资人基本的职业素养。张磊不仅具有这些能力，还将性格中坚韧的一面发挥到了极致。他分析当时国内外的互联网形势，研究国内政策对互联网企业的扶持，中国网民对互联网的认知程度，认为中国互联网的发展才刚刚开始，仍有巨大的市场潜力可挖。

事实证明，他对中国互联网的预期是对的，后来蓬勃发展的中国互联网经济，也的确没有让他失望，甚至可以说令他惊喜。

从 2002 年到 2005 年，中国互联网只用了三年的时间，便绝地反击、置之死地而后生，打了个漂亮的翻身仗。这是由于创业者苦苦的坚守，也是中国互联网再次腾飞的历史必然。

翻开互联网的记忆，2005 年曾被称为中国的"博客元年"。这一年，"blog"成为人们生活中的热词，普通人惊奇地发现，博客不再是精英们分享股票、财经信息的专属领域，每个人只要取一个自己喜欢的名字注册，就可以拥有自己的博客地址，和相熟的、不熟的网友成为博客好友，分享彼此的生活日常。而作为个人的自留地，博客也有很好的私密性，可以根据自己的需要设置浏览权限，既可以打开门交朋友，也可以关上门说悄悄话。一时间这种既保留个人私密性、又兼具社区功能的互联网社交方式大热，中国的博客用户从不足四位数猛增至千万，各大门户网站也纷纷推出自己的博客网站，在人们热热闹闹上网的同时，中国互联网悄悄地度过了重要的转折期。

"博客元年"并非只有博客一枝独秀，互联网的发展百花齐放，将人们的生活点缀得多姿多彩。这一年，雅虎与谷歌进入中国；淘宝与京东所代表的电商开始成为人们习惯的购物方式；校内网、赶集网、同城网，一听名字就很接地气；电影爱好者有了在线看电影的网站，也有了豆瓣这样可以与其他影迷交流心得的乌托邦。

除了这些，还有一个不能忽视的新事物，成为一部分年轻人业余生活的主流休闲方式，有人为它痴狂，有人恨它入骨，它就是"网络游戏"。这一年，国内几大门户网站推出了百余款大型网络游戏。一时间，网络江湖席卷了年轻人的世界，也出现了沉迷网络、染上网瘾的学生。人们对网络游戏的评价毁誉参半。可有谁会知道，正是 2005 年网络游戏的兴起，使中国的互联网在美国经济低迷、缺少资金支持的关口实现了现金回流；有了经济保障后，互联网企业复苏，为中国互联网发展的第三阶段做好了准备。

迅速走出互联网泡沫的影响，并展现出了持续不断的活力，前景一片光明的中国互联网环境，让国外投资人垂涎欲滴。张磊没有错过历史机遇，选择在 2005 年回国创业，堪称完美。

老友协力，高瓴组建创业团队

再次创业时，张磊33岁，按中国人"三十而立"的观念，正是好男儿实现理想抱负的最佳时机。从人大毕业后，十几年的历练是岁月的馈赠，阅尽千帆，热情执着的少年心一如从前，沉着老练的行事风格又仿若破茧成蝶，脱胎换骨。

从进入人大学习国际金融开始，张磊一直在寻找价值的真谛，在验证坚持长期主义才是实现价值投资的科学途径。他为自己遇上中国互联网的沸腾时代而兴奋，学有所成，学以致用，这是张磊作为读书人的朴素情怀，也是张磊作为投资人的凌云壮志。

创业的激情有了，创业的目标早就埋在张磊的心底。他已经尝试过互联网创业，这一次，他要做一个名副其实的投资人，帮同样激情澎湃的互联网创业者们插上腾飞的翅膀，在自己熟知的领域，共同助力中国的互联网发展。

金融科班出身，又受到在耶鲁大学基金工作经历的启发，张磊决定创办投资机构看似并不出人意料。但事实上，从事风险投资需要的条件相当复杂，对投资人也有极高的要求，需要掌握深奥的专业知识，具备优秀的职业素养，还要有异于常人的洞察力、行动力以及勇往直前、不患得患失的勇气。张磊后来能够成为投资界的传奇，这些能力也并非与生俱来，他坚持读书与学习，以知识为依托奠定自己的价值基石；勤动脑、爱思考，练就一双可以拨云见日的慧眼；长年的自律与从不懈怠的行动力，每一条都是张磊用勤奋和勇气练就的法宝。

在创业之前，张磊已经具备优秀投资人的条件，他对比当时国内外经济发展的趋势，看到了中国互联网潜在的巨大商机。同时，他也非常清楚地看到了国内外的风险资本公司，正在向中国的互联网企业抛出橄榄枝，巨额资金被投入中国市场，这是以前从来没有过的。

与发达国家不同，中国的风险投资在 20 世纪 90 年代末才渐渐兴起，此后的几年内，不断调整，发展缓慢，到了 2005 年这个神奇的年份，随着中国互联网的欣欣向荣，国内外风险投资公司共筹集了 40 亿美元的风险金投入到中国市场，创下了中国风投资金的最高纪录，其中投在互联网企业的资金占一半以上，可见当时中国的互联网市场是多么诱人。美国互联网市场尚在疲软中，投资人在迷茫中发现了中国互联网这个"钱生钱"的"潜力股"。

外国人带着钱来到中国，做好了和中国互联网互利双赢的准备，这恰恰证明张磊的判断是对的。随着中国市场经济的增长，政府对企业的扶持，中国创业者的拼搏，全球进入互联网时代，中国互联网的发展将会以惊人的速度深入人们的生活，为各行各业服务，产生巨大的经济效益。一直在等待创业机会的张磊，感知到历史赋予他的投资使命，毫不犹豫地创办了他的投资机构，取了一个含义颇深的名字——高瓴。

在外人眼中，张磊前三十年的人生，已经算是人生赢家了。无论是摘得桂冠的文科状元，还是在大名鼎鼎的华尔街立足，随便拿出一条，都可以算作炫耀的资本。但与张磊后来的成功之路相比，这些只能算是小试牛刀，是华丽乐章演奏前的试音。创立高瓴是张磊的人生分水岭，从这一刻开始，他才真正开始走向舞台中央，最终成为万众瞩目的焦点。

风险投资在当时的中国还是新鲜事物，政策与管理方面还不完善，国内的投资机构也凤毛麟角，没有成功的榜样作为参照，每家都在摸着石头过河。张磊在创业初期，边学习边摸索，边思考边调整，就像之前人生中的每一次另辟蹊径的选择一样，这次的选择也是明知山有虎，偏向虎山行。

高瓴成立之初，像所有刚起步的创业公司一样，面临种种难题，张磊也像所有的创业者一样，稳扎稳打，一个一个地去解决难题。

第一个难题，便是公司成立的必备条件——人。2004 年底，贺岁片《天下无贼》中的一句台词成了后来的流行语，"21 世纪什么最贵？人才！"这句话在冥冥中似乎也昭示着未来一年的不同寻常。站在 2005 年的风口，张磊创业要做的第一件事，就是寻找伙伴，建立自己的创业团队。

熟悉张磊的人，都知道他性格开朗，为人热情，人缘颇好。而张磊的领袖才能早在他小时候带着小朋友们游山玩水，组织同学们在火车上摆书摊时就已经显露出来。生活中的张磊平易近人，选择创业伙伴时，他的标准也和别人有着一大堆条条框框不同，"和靠谱的人在一起做有趣的事"，如此随性洒脱，但又一语道破创业团队的"天机"：靠谱的人才会彼此信任，享受工作才能干好工作。

所谓"靠谱的人"，张磊首先想到的是他的大学同学，曾经共事过的同事。一个人不断向上攀登，所处的环境越优秀，遇到的人也会越优秀。丰富的过往为张磊积累下来的不仅有工作经验，还有精英阶层的人脉。张磊这位创业团队的领袖，化身成发掘人才的伯乐，被邀请到的伙伴们有的是了解张磊的为人与能力，毫不犹豫地答应；有的是被张磊的创业热情所感染，虽然对投资行业一无所知，也义无反顾地跟着张磊一起干。还有一件趣事，张磊的一位老同学在受邀时已经是其他机构的合伙人，不能再进入高瓴。张磊以为这次邀请只能落得遗憾的结果，谁知老同学过意不去，过几天竟派了自己的爱人过来帮忙，从张磊的秘书做起。多年以后，伴随高瓴的成长壮大，当年的秘书如今已成为高瓴的合伙人，这也就是人们常说的"好人有好报"吧！

在张磊寻找创业伙伴的同时，公司的一切杂事都由张磊的妻子一人包办，贤内助的鼎力支持也让张磊信心倍增。不久后，创业伙伴全部就位，齐齐整整，但问题来了：除了张磊，真正懂投资的没有几个。

不懂就学，边学边干，张磊带领着老朋友、新团队，齐心协力，高瓴的故事，由此正式开始。

我们的口号："请立即上车"

一位成熟的创业者，要有勇于创业的魄力，也要有管理企业的能力，更要有能将员工紧密团结在一起的凝聚力。张磊是个处事果断、做事不冒进的人。成立高瓴以后，他做的第一件事不是马上开展业务，而是先带领团队一起学习金融知识。

高瓴的创业团队中，有张磊的同学朋友，有他以前的同事，他们都来自各行各业。然而，除了张磊，其他人对金融业都不熟悉。高瓴资本创始合伙人之一李良，毕业于清华大学，加入高瓴团队之前并不懂投资，完全是被张磊的创业激情所感染，相信张磊是可以做大事的人。其他几位合伙人在投资领域也是半路出家，他们在进入高瓴之前专业不同，经历不同，但他们有着共同的特点：擅长学习，愿意学习，学习让他们快乐。

世上无难事，只要肯学习。张磊在创业之初，便在办公室专门打造了一个小型的图书馆，放满各种年鉴和专业书籍，带领团队边工作边学习，了解投资领域，学习金融知识。后来张磊曾笑言，高瓴不仅是一家投资机构，还是一个"不断求知、探索真理"的学习型组织。从创业初期到现在，高瓴的学习氛围一直没有改变过，他们始终坚持学习，始终都在进步。

优秀的人总是相互吸引，张磊的伙伴们也和他一样，多年良好的学习习惯，锻炼出超强的学习能力，他们很快就掌握了工作所需的技能。创业团队由"杂牌军"变成了投资王牌部队，创业之初的高瓴，解决了组建团队的难题。

作为一个初创的投资机构，高瓴团队成立后却在坚持学习，而不是急于开展业务，马上变现，这就是所谓的志同道合吧！张磊亲自招募的团队成员，果然是最靠谱的一群人，他们有一致的创业方向——要将高瓴打造成优秀的、可实现价值长期主义的投资机构；有不谋而合的创业思维——只有掌握业务知识，才能更好地开展公司业务。这样的一群人一起工作，同心协力，再大的挑战也能够从容应对。

熟悉公司业务后，下一步就该开展业务了。高瓴面临的另一个大难题出现了，这也是众多创业公司都会面临的问题：他们需要一大笔钱作为启动基金。那时候国内私募基金还不够成熟，张磊将目光投向了海外出资人。

当时的高瓴和十七年后人们仰慕的高瓴完全不同。没有资金，没有场地，租来的办公室狭小简陋，里面只有五个胸怀壮志的年轻人。而价值投资在当时的中国经济发展中属于"非主流"，并不为大众所了解；投资机构也很少，在一浪高过一浪的创业新浪潮中微不足道。这样的创业公司，想让海外出资人投入第一桶金，难度可想而知。

横亘在高瓴面前的鸿沟，也是张磊人生中最严峻的时刻。跨过这道鸿沟则海阔天空，掉入这鸿沟之中，则前功尽弃。和所有的创业者一样，二次创业的张磊是艰难的，比任何时候都难，因为这一次他的志向比任何时候都远大，他选择了一块最难啃的"骨头"。

身为投资人，张磊做好了应对困难的准备，当初他决定创办投资机构不是意气用事，而是深思熟虑后的结果。他已经积蓄了足够的勇气与信念来战胜困难。"成功"之所以会一直陪伴着张磊，那是因为他做任何事都有着"置之死地而后生"的决心与勇气，从不轻易放弃。

当时的高瓴从硬件和规模来看，只是一家刚起步的小型投资机构，但张磊没有急于求成，而是坚持他的创业信念，立志一定要实现价值投资的长期主义。正是在这样的信念支撑下，张磊信心十足，为他和他的团队准备了一个响亮的口号：中国正在崛起，高速列车正在离站，请立即上车！

张磊坚信，中国这趟列车不会让出资人失望，高瓴这趟列车，将带给出资人惊喜。他奔走海外，向出资人介绍高瓴的投资理念及创业蓝图：高瓴坚持实现价值投资的长期主义，有决心在信息科技时代，借中国市场经济持续走高的良性投资环境，成为值得出资人信任的投资公司。张磊相信只要将这些优势完整地传达给出资人，他们就能在海外私募中成功拿到启动业务的第一桶金。

为了募集海外资金，张磊和伙伴们夜以继日，做了大量功课。曾经在美留学、工作的亲身经历，让张磊明白，受交通与媒介的限制，西方人对于中国的了解甚少，那时候还不是全球大融合的地球村，外国人对中国的认识，还停留在刻板的历史印象中，认为中国是一个"古老又神秘"的遥远国度。这样一个"历史悠久，现代化进程缓慢"的东方市场，让出资人无法相信在中国的投资机构会有所发展，对高瓴自然没有十足的信心。

高瓴要做的，是向出资人展示中国近年来改革开放所取得的成果，并且让他们相信中国市场的可持续发展对投资机构非常有利，出资人的钱不但不会打水漂，而且会快速升值。带着募集资金的目的，张磊游走于美国各地及其他西方国家，讲述中国经济发展的现状，展示高瓴的价值投资理念，以及他和团队精心打造的高瓴发展计划。

在张磊看来，东西方的经济发展进程是不一样的。西方国家从城镇化、工业化到信息化，用了近百年的时间，层层推进，每个阶段都有其发展的特点。中国特有的国情决定了我们不能走西方的发展道路，要尽快发展国民经济，提高人民的生活水平。改革开放几十年，中国经济在各个领域齐头并进，产业多元化，城市与农村以梯队式同时前进，共同发展。

　　时代的脚步在推动中国经济的高速增长，随着生活水平的改善，人们对服务与消费都有了更多需求。张磊对于价值投资的诠释，便是应他人所需而服务，创办高瓴就是为了贯彻他的投资理念，通过高瓴的服务来帮助互联网创业者。在出资人面前，张磊不断地阐述他的想法，介绍高瓴，介绍经济飞速发展的中国。有人不肯放弃固有的偏见，认为张磊在画大饼，这些先进的构想无法在中国实现；也有人虽被张磊打动，但犹豫过后还是不想冒险，决定放弃。

　　募集的过程相当艰难，乐观的张磊一次次碰壁，再一次次尝试。在出资人眼中，高瓴缺乏强大的投资背景和丰富的投资经验，因此他们的态度十分谨慎。十次有九次，张磊会被当面拒绝，偶尔对方会说考虑考虑，一周之后也会婉拒。但就像曾经在耶鲁的暑期去找实习机会时一样，他选择相信自己，相信前景光明的中国市场，相信中国列车将充满速度与激情，立即上车的人，将来一定会感谢他创造了见证历史的机会，没有错过 21 世纪经济高速发展的中国市场。

　　就在张磊不停寻找机会的时候，远在天边的第一笔投资送到了他的面前。他没有想到这位贵人竟是旧相识，他也明白即使是旧相识，也需要依靠高瓴的实力，不辜负这笔得来不易的资金。

初期募资，再被耶鲁捐赠基金青睐

2005 年的 7 月，北京的夏天一如既往的高温闷热，在一个狭小的办公室内，一场火热的商务会谈正在紧张有序地进行。年轻的高瓴资本创业团队，面对全球顶级的机构投资者之一——耶鲁大学捐赠基金，有问必答，以实相告，准备充分，尽显诚意。

2005 年，在张磊借来的这间办公室内，张磊与恩师大卫·史文森面对面，向他介绍高瓴，一个年轻的、充满激情的投资机构。没有人会想到，十几年后高瓴成为可与耶鲁捐赠基金齐名的投资机构，更没有人能预测到，耶鲁基金在这里即将投下的 2000 万美金，在未来二十年的时间里，将会滚雪球般地收获数十亿美金的高额收益。

没有人能未卜先知，高瓴资本的成功却是可以预见的。张磊前期付出的大量努力得到了回报，耶鲁捐赠基金能跨越重洋来亲自考察，是曾经不敢奢望的；他紧张又期待，和他的创业团队一起，在耶鲁捐赠基金严格的提问中从容应对，表现出投资人胸有成竹的良好状态。

大卫·史文森是张磊的恩师，无论是在课堂上还是实习期间，张磊从恩师的身上学到了很多投资领域的知识与经验，还有作为投资人的良知与素养。大卫·史文森也很喜欢张磊的聪明勤奋、善于思考，正因为这份赏识，他亲自带队，提出的问题细致严格，这是对高瓴资本的考验，也是给创业中的张磊宝贵的建议。其他随行的耶鲁捐赠基金的高管，也个个经验老到，都带着大大小小的问题而来。双方都是旧相识，基于欣赏坐在一起，慎之又慎，耶鲁捐赠基金要为他手中的投资基金负责；张磊则不能辜负这份欣赏，他要让老朋友们由衷地说一句：这一趟，没白跑。

　　叙述这段往事看似轻松平静，实际上当时的商谈是智者的交锋，一问一答速度快，频率高，没有过多思考的时间，稍有闪失，便会失去耶鲁捐赠基金的信任。张磊深知这次会谈的重要性，他带领团队，以不变应万变，历史又在重复上演着相似的情节。当年他为了实习机会，去耶鲁捐赠基金面试时的情景，和现在何其相像。会谈中，张磊对高瓴已经准备好的部分回答得充分详尽，对作为创业团队还没有考虑到的细枝末节也不回避，如实回答，本着学习的态度做好记录，就像学生时代时那样，对于不懂的作为课后作业再重新研究，弥补不足，才能更快地进步。

　　这是一场令张磊终生难忘的会谈，他与耶鲁的缘分至深，也是他自己不曾想到的。从 26 岁到 33 岁，他的每一个人生关口，都与耶鲁有着不解之缘。是耶鲁大学给他提供了奖学金，他才有机会远赴重洋去留学；是耶鲁捐赠基金给了他实习的机会，他才有了学费与生活费，并深入接触到机构投资，确定了自己的创业方向。这一次，在他为海外私募而奔忙的时候，雪中送炭的贵人，仍然是耶鲁捐赠基金。无论此次会谈的结果如何，耶鲁捐赠基金的到来，都让张磊大为激动，充满力量。

　　尽管张磊相信他的选择，相信高瓴前途无量，可每个创业者在创业之初都是既兴奋又忐忑的，一边无悔自己的选择，一边又渴望别人的肯定，以证明自己的方向是对的，没有走弯路。张磊太了解耶鲁捐赠基金的风格了，他们对待每一笔投资都严苛到极致，不浪费一分钱，争取价值收益最大化。对得起捐赠人，是耶鲁捐赠基金从过去到将来，永不会改变的立场。从这个层面来看，如果高瓴没有实力，也不会出现在耶鲁捐赠基金的会谈名单上，他的选择，得到了资深投资人的肯定。

　　这是一次出资人与投资机构的会谈，也是一次有经验的长者与在投资界初出茅庐的年轻人的会谈，张磊非常想得到这笔投资，会谈的过程他是紧张的，同时也是愉快的。作为顶级的投资机构，耶鲁捐赠基金对于他们选择的投资人，还有一个不成文的要求——必须具备高尚的道德品质，全身心为他人服务的价值态度。否则，能力再强，潜力再大，也不会是他们选择的对象。

过了道德标准的第一关，高瓴资本在投资领域的想法令耶鲁捐赠基金刮目相看。张磊拿出了可行性极高的投资计划，科学周密的管理办法以及作为投资机构必须要考虑的退出策略，包括费用预算、团队的学习计划、对每个投资项目的讨论角度、项目的价值投资可持续性，都有十分详细的说明。他严谨的工作态度，对投资有独到见解的专业能力，令面前的投资界前辈们感到大为震惊。他在每一个出资人面前都会讲述中国故事，也令慧眼识珠的耶鲁捐赠基金看到了中国经济发展的美好前景。

那次会谈的时间很长，耗费了双方大量的精力与体力。结果是喜人的，高瓴的专业与严谨，对价值投资长期主义的坚持，都与耶鲁捐赠基金的理念相一致，他们找到了共同的长远奋斗的目标。更重要的是，张磊和他的团队展现出来的对中国互联网雄起的信心，对中国经济必然腾飞的信念，深深打动了耶鲁捐赠基金。按照过去的投资案例，凭借丰富的投资经验，他们知道在机构投资中，信念与坚持更加重要，往往会创造出难以想象的奇迹。

耶鲁捐赠基金决定，为高瓴投资 2000 万美元，不久后又主动追加投资 1000 万美元，这是高瓴资本募集到的第一笔资金，也是起步阶段的高瓴，得到的最真诚的重量级肯定。事实证明，耶鲁捐赠基金确实有眼光！

时间是最好的复盘，所有的大事件发生之初，都不够起眼，回头再看，与众不同的传奇色彩往往被人们津津乐道。

多年之后，回忆起这场会谈，张磊深情地用北岛的诗来形容，"新的转机和闪闪的星斗，正在缀满没有遮拦的天空，那是五千年的象形文字，那是未来人们凝视的眼睛"。他将用高瓴的行动来证明这笔投资是多么正确，他将用高瓴的投资来向世人展示，中国互联网经济的发展就是冉冉升起的太阳，何其耀眼，何其辉煌。

第四章

投资企业，高瓴走长期主义价值之路

同日后名声震天的高瓴资本相比，张磊本人是非常低调的，无论是面对记者的采访，还是在各种场合的讲演，他都会强调团队的作用，强调在高瓴内部身份的等级并不明显，大家都是一起做事的同事。实际上高瓴是张磊的"孩子"，骨子里有张磊的基因，高瓴的核心精神、行事风格及企业文化，都与张磊个人的价值观相统一，并且这种统一保持到了现在，无论投资市场多么变幻莫测，张磊的初心未变，高瓴的精神内核就不会变。

高瓴资本平地惊雷

第二次创业，给新公司取名字时，张磊着实动了一番脑筋。同几年前休学回国创业不同，这一次张磊有长远的规划，也预感到这场踏着时代浪潮奋进的逐梦之旅，会借中国巨龙经济腾飞的东风，创造一场奇迹。

2005 年 6 月 1 日，高瓴资本在北京成立。那天是儿童节，稚嫩的高瓴诞生，充满无限希望与可能。"高瓴"二字来自成语"高屋建瓴"，取其宏伟格局、势不可挡的寓意。"高瓴"的英文名是"Hillhouse"，灵感来自一条小路"Hillhouse Avenue"，是张磊在耶鲁求学期间时常漫步、思考的地方。从"高瓴"的名字里，可以看出张磊的用心与信心，对成长中的高瓴的爱护与期望。"高瓴"的名字既饱含着文科生具有的浪漫，也传达着张磊的雄心壮志。作为中国投资机构的先驱之一，高瓴资本如平地惊雷，在中国的投资界演奏出恢宏的华彩乐章。

"古之立大事者，不惟有超世之才，亦必有坚忍不拔之志。"张磊坚信自己选择了一条正确的路，也对创业之初的困难做了充分的准备。他将理想建立于稳健的价值基石上，是从求学到求职一路的积累与沉淀。这理想不是好高骛远的空想，对公司起步时将会遇到的困难，他做好了各种应对。在解决了员工配置与私募资金两大难题后，张磊开始了他稳步向前又不失冒险精神的创业之路，一步步搭建起中国投资界的泰山北斗——高瓴王国。

创业伙伴们各就各位，耶鲁捐赠基金也对高瓴给予了充分肯定，拿到私募成功的两千万美金，张磊在盘算这笔钱要怎么"花"才能万无一失并物超所值，高瓴的第一炮要怎么打响，第一桶金要怎样收入囊中，考验的是创业者的智慧与勇气，眼界与格局，而这一切，经过深思熟虑，张磊相信，一切尽在掌握中。

前面我们曾提到，张磊在"人大"时就深受校训"实事求是"的熏陶，也参与过学校组织的市场调研，他十分清楚一个成熟的投资人，一定要以现实为出发点，理智而冷静地判断形势，才能高瞻远瞩，制定出正确的投资方案，保证迈出的每一步都坚实有力，将路越走越远，越走越宽。

对于创业，张磊坚持实事求是，不盲目跟风。他对当时的国内外经济形势审时度势，依托国内的实际发展环境，开展每一笔业务。

2005 年的世界经济仍是一片繁荣的利好景象，经过了 2004 年势头高涨的增长期，世界经济虽脚步放缓，但仍保持着平稳上升的大趋势。这一点，在美国生活了七年的张磊是深有感触的。他见识了西方国家资本市场的成熟期以及适应成熟期形成的市场规律。西方国家的经济发展有条不紊，没有太大起伏，但也后续乏力，从未雨绸缪的角度，他们也将目光放在了新兴市场。作为资本大国，美国在新兴市场开发方面捷足先登，这一点张磊看得很清楚。硅谷就是其发展新兴市场的典型代表。作为美国高科技行业的"技术流"，借着互联网的兴起，硅谷这个新兴市场，几乎一夜之间变成了富翁的造梦工厂，从 1998 年 ebay 和谷歌成立，到 2004 年神奇小子扎克伯格的脸书（Facebook）诞生，他们打破了传统世界的社会模式，创造了一个被互联网紧密联系起来的人类新世界。

当时的硅谷是一个由世界各国人才组成的"联合部队"，其中华裔精英是主力军之一，他们中有相当一部分人学成归来，选择了回国创业。在全球经济发展的大环境下，当时的中国正处于互联网起步的黄金期，潜在的十几亿互联网用户，代表着全球最大、最具魅力的新兴市场。

而中国经济在改革开放的方针指引下，用了二十年的时间，也度过了由计划经济到市场经济的过渡期。政府加大农村税费改革力度，调整个税，全民受益，改善人民生活，城乡市场全面兴旺。中国在各个领域接纳与包容新事物，也在各个方面向全世界展现中国经济生机勃勃的发展势头："高增长，低通胀"，经济运行良好。

同世界经济增长势头减缓不同，2005 年的中国经济依然保持快速增长，全年国内生产总值 182321 亿元，比上年增长 9.9%[1]，形势大好。后来，经济学专家曾总结 2005 年是"改革开放以来最好的时期之一"[2]，称 2005 年的金融改革为"破冰之旅"的开始。就像青少年长得太快会有生长痛，经济发展太快，也会带来一些潜在危机。为了确保经济稳定协调发展，国家制定了一系列新的方针政策，其中在金融领域，实行了以市场供求为基础的浮动汇率制度，为市场经济保驾护航。

在美国时始终心系祖国经济发展的张磊，进行了一系列的观察、调研、分析、总结，果断地将目标锁定在国内新兴的互联网企业。作为投资界的新人，张磊有自己的投资原则——"不挣快钱"。时至今日，高瓴资本也一直在坚持这条原则，无论顺境逆境，坚持价值投资的长期主义路线，做企业的长期合作伙伴。这是受耶鲁捐赠基金的影响，也是张磊个人的行事风格使然。从专业的投资角度来讲，实现价值投资的长期主义，才能使投资具有连续性，更好地服务于被投资人，从而实现投资回报的最大化。一个投资机构的根本与核心理念，不是赚钱，而是服务于被投资人。

张磊与他的团队通过详细的市场调研，不断地缩小第一次投资的目标范围。国内创立的新兴互联网企业，创业者大多是技术过硬的"大

---

[1] 数据来源于《中华人民共和国 2005 年国民经济和社会发展统计公报》。
[2] 引自半月谈《盘点 2005：中国经济亮点频频 百姓分享发展成果》。

咖"，以硅谷的创新经验为蓝本，这些新兴企业想走得更远，除了不断求新的技术研发，还必须有强有力的资金支撑。彼时国内外投资机构都将目光锁定在中国的互联网市场，高瓴的第一笔投资求稳亦求准，稍有拖延就会失去投资先机，经济快速发展过程中稍纵即逝的时机，对投资人来说就是黄金一刻，必须出手稳准狠，将机会牢牢抓住。

就在张磊准备出手的时候，一个偶然的机会，一张名片映入了他的眼帘，从此改变了一个企业的命运，也启动了高瓴的第一笔投资。

给腾讯插上腾飞的翅膀

高瓴成立之初，为了找到第一个合适的投资对象，张磊使出了他的老本领——市场调研。这是张磊在大学期间，一次次参与调研练出的真本领，也是张磊善于观察、细心琢磨的性格使然。他喜欢冒险，但从来不打无准备之仗，为了拿到第一手资料，张磊制定了周密的调研方案，和同伴们不辞辛苦地奔走于一个又一个市场之间。他们来到中国最大的小商品集散地——义乌，在与摊主交换名片的时候，张磊发现名片上多了一串数字——"QQ号"。起初他以为是个例，后来见招商办的官员名片上也印着QQ号，这才意识到这串数字不同寻常，它已经成为除了手机号之外，十分普及的沟通与社交媒介。

人们常说，热爱生活的人都拥有一双发现美的眼睛，作为投资人的张磊，则有一双能"透过现象看本质"、发现投资商机的火眼金睛。张磊对QQ这只戴着红围巾、总是憨态可掬的小企鹅产生了浓厚的兴趣，他开始了解推出"小企鹅"腾讯QQ的深圳腾讯公司以及腾讯公司的创始人——后来的互联网传奇人物马化腾。

高瓴与腾讯的相遇，可以用"有缘千里来相会"来形容，从相识到携手，十几年来，他们并肩作战、休戚与共，与中国传统意义上"执子之手，与之偕老"的坚定不渝十分吻合，可以说无论是在投资界还是在互联网界，当年不期而至的邂逅，都是一次重要的相遇，都是一段让人们津津乐道的佳话。

　　腾讯全称为"深圳市腾讯计算机系统有限公司"，1998年成立于深圳。创始人马化腾毕业于深圳大学计算机系，痴迷于计算机技术，是个不折不扣的学霸。早在上大学时，马化腾就研发了一款股票分析软件，并以此赚到第一桶创业资金——5万元。也正是这第一桶金，后来成了他的创业资金。马化腾比张磊大一岁，两人算是同龄人，他们的成长轨迹虽然不同，成长的背景却很相似，都是伴随着改革开放后中国经济的高速发展，搭上了互联网这趟具有跨时代意义的列车，最终一飞冲天，成为了经济发展大潮中的领军人物。

　　同高瓴相比，腾讯的诞生早了七年，这七年中，马化腾面临了一次又一次的考验，直到他遇到了高瓴。腾讯成立之初，当时国外互联网正在迅速流行起一种叫作"ICQ"的社交软件，只要打开在电脑里的这款软件，连上互联网，人们就可以和世界上任何角落的"网友"进行一对一的聊天。在聊天的过程中，彼此的身份是保密的，只能通过打字进行沟通，它既私密又能即时与人沟通的便利和神秘感，吸引了大批的网民。马化腾是个技术狂人，受此启发，和他的团队打造出了"OICQ"这款即时通讯软件，短短九个月，在互联网还没有进入千家万户家庭生活的背景下，用户数已经达到百万以上。

　　这是一个惊人的数字，可是在当时，也仅仅是数字惊人而已，那时候的马化腾还没有找到流量变现的密码，用户的迅猛增加成了双刃剑，让马化腾品尝到了OICQ成功的喜悦，同时也感受到了巨大的压力。QQ的用户群激增，使得公司的运营成本也成倍增加，马化腾还来不及高兴，就陷入了窘境——公司没钱添置服务器了。最难的时候，他甚至产生了卖掉腾讯的想法，好在那时候的买家还不识货，出的价钱远远低于马化腾的预期，他实在不甘心将自己的心血低价抛售，便决定听从同伴的意见，寻找民间投资机构。

　　在高瓴投资腾讯之前，也曾有过其他机构在腾讯注入资金，后来这些机构有的中途卖掉股份撤资，也有一直持有腾讯股份的投资人，他们的投资都有了回报，而且持股时间越长，赚得越多。然而作为投资方，他们只负责投钱，没有给予腾讯合理的发展意见，马化腾始终因如何变现、怎么靠流量来挣钱而苦恼。

2005 年之前，腾讯经历了两次较大的起伏，第一次是 2000 年时，赶上互联网经济泡沫的破裂，马化腾想卖掉腾讯，后来有投资的资金注入，他也通过 QQ 秀变装等新的业务，实现了流量变现。可是公司刚有起色，又恰逢微软的 MSN 强势进入中国通信领域。定位于白领人士的 MSN，跟 QQ 相比显得高端大气上档次，更适合商务沟通，很快将 QQ 的客户分流，成为聊天软件里的新宠。

当高瓴与腾讯相遇的时候，腾讯并非"二八年华正当时"，而是正在经历第二次起伏。2005 年，持股 20% 的大股东抛售全部股份，使得腾讯陷入资金链断裂的险境中，在这样的时候，作为新兴投资机构的高瓴向腾讯抛出橄榄枝，并且是信心百倍的"重仓腾讯"，让所有人震惊。

张磊这样做，是经过周密的市场调研的，他看到了腾讯的市场潜力。QQ 正改变着人们的社交方式，这才刚刚起步，未来会更加深入地影响人们的生活。马化腾对 QQ 的规划也让张磊对腾讯更有信心，在马化腾的设想中，未来的腾讯 QQ 将是一个广阔的互联网生活平台，与网民的生活密不可分。未来人们的生活离不开腾讯，那么腾讯就有了它的长期价值，这符合高瓴坚持的价值投资的长期主义。众里寻他千百度，高瓴一直在苦苦寻找具有长久生命力的被投资者，当张磊拿到那张小小的、印着 QQ 号码的名片时，他们终于找到了。

高瓴的调研是充分的，对未来的规划是清晰的，可是市场终究是在变化的，谁也不知道未来究竟会发生什么；成功是不可以一蹴而就的，只能一步一步实现，稍有差池、偏离轨道，也许从此就失去了成功的机会。投资有它的科学性，也有交给命运的冒险成分，年轻的高瓴深知这一点，但依然义无反顾地在腾讯投下了第一笔重金。

同之前的投资人不同，张磊与腾讯关系密切，有时会参加腾讯的高层会议，给出自己的意见供腾讯参考。高瓴与腾讯步调一致，服务的理念一致，追求价值主义的终极理想也一致，他们这份"琴瑟和谐"得到了丰厚的回报。近二十年的时间，腾讯市值由 20 亿美金飙升至 0.9 万亿美金，坐上了互联网即时通信的第一把交椅，高瓴则获得了 400 倍的投资回报，伴随腾讯一路壮大，收获颇丰。

　　第一笔投资一战成名，高瓴对未来信心十足。然而一场龙卷风般的金融危机悄悄潜伏在前方不远处，年轻的高瓴资本，将面对创立以来最大的考验。

投资蓝月亮，打赢 "翻身仗"

投资腾讯，高瓴艺高人胆大；腾讯也不负众望，改变战略，加强研发，丰富平台功能，重新扩大稳定的用户群，以飞快的发展速度展示了它的潜力与价值。

不出手则已，出手便一鸣惊人，高瓴的第一炮开得响亮且漂亮，张磊和他的伙伴们在高兴之余，却淡然处之。对他们来说，这场战役的胜利早在预料之中，前期工作到位，在大量的调研与缜密的分析加持下，摘得成功的果实顺理成章。

张磊是个爱思考的人，一张名片引发了他与腾讯的合作，同样，一个日常的生活习惯，再次为他带来投资缘分，这一次，高瓴与国内的洗护企业"蓝月亮"结缘。

在与"蓝月亮"合作之前，高瓴正面对成立以来的最严峻考验，2008年席卷全球的金融危机，导致了地球上50%的股价的蒸发。

当美国次贷危机还停留在本土时，国内的经济形势仍十分稳定。高瓴的运营步入正轨，张磊与他的伙伴们忙而不乱，一切有条不紊地进行着。

2008年，张磊决定改善办公环境。三年前高瓴在借来的逼仄的办公室里，和耶鲁捐赠基金的大佬们会谈；三年后，高瓴已经有能力租下写字楼的顶层，拥有宽敞明亮的大办公室。

第一笔投资成功之后，高瓴没有沾沾自喜，而且继续按部就班地拓展业务。跟所有的投资机构一样，高瓴密切观察着市场，时刻留心瞬息万变的经济动态。张磊隐隐感到，市场上似乎涌动着一股庞大的暗流，看不见它在哪儿，却能清晰地感知到，暗流正在逼近。

这股暗流到底是什么，张磊还不清楚，当时的国内市场一片风平浪静，并没有一丝端倪。高瓴没有忽视这股暗流，他们提前减仓，降低仓位，作为投资机构，不能草木皆兵，也要避免盲目自大，要有以不变应万变的定力，也要在纷繁的声音中，坚信自己的判断力。

尽管做好了应对准备，然而当这股暗流以摧枯拉朽之势猛扑过来的时候，高瓴也没有幸免，损失惨重。2008年的全球金融危机是一场经济浩劫。2007年，美国次贷危机愈演愈烈，大量的补救办法非但没有遏制其势头，反而火上浇油；到了2008年，金融公司仿佛一夜间从美国消失，全部破产，其中包括大名鼎鼎的雷曼兄弟、美林证券，走投无路的美国民众走上街头游行。然而，深受其害的不止美国人，全球经济都岌岌可危，一周内股市市值蒸发了7万亿美元，我国的出口贸易严重受损，直接导致经济增长速度放缓。

金融危机如海啸般吞噬着全球各国，更可怕的还不只是这场危机，而是危机导致的哀鸿遍野以及人们对恢复经济失去了信心。我国政府发出"勇克时艰"的倡议，通过一系列政策达到宏观调控、遏制经济危机的目的，可是经济复苏需要一个过程，面对断崖式下滑的经济数据，时任国务院总理温家宝说了一句铿锵有力的鼓励语：信心比黄金和货币更重要。

中国人相信，跌倒了只要能爬起来，就一定会有重振雄风的那一天，张磊和他的高瓴也相信，困难是暂时的，他们"重仓中国"的投资计划是正确的。虽然受到重创，高瓴也选择坚定地相信一切都会好起来，在国家宏观调控的正确领导下，国内经济一定会复苏，作为投资人，他们会等来大展宏图的一天。

调整心态，积极面对，在张磊的带领下，高瓴军心稳定，士气依然高涨。机会往往会降临在有准备的人身上，就在 2008 年人心惶惶的非常时期，一次偶然的机会，为张磊找到新的投资机会打开了思路。这一次，他将与传统的国产品牌合作，联手上演一场精彩的、对海外大品牌的阻击战。

在超市里找不到常用的洗衣液，这一现象为张磊打开了新思路。有一天，张磊偶然发现，在超市里竟然找不到在国外时常用的洗衣液，国内居民的生活习惯，还是以使用洗衣粉为主，当时占据中国洗护市场的产品，都是宝洁、联合利华等世界知名品牌，国产品牌并不多。张磊萌生了一个大胆的想法，随着国内人民生活水平的提高，消费升级是大势所趋，如果扶持一家国产企业做洗衣液，是否能改变人们的洗衣习惯，提前占领洗衣液市场？

伴随这个想法的产生，张磊想到了一对夫妻，他们创办了一个名为"蓝月亮"的洗护品牌，两年前曾与张磊有一面之缘。

打造新品类，投入到当时对洗衣液还很陌生的市场中，这意味着不但要研发新产品，还要制定新的营销模式，培养人们新的洗护观念。这条路成本太高，难度太大，成功率又非常模糊，张磊与各个日化企业商谈后，对方均表示无此信心，蓝月亮的创始人罗秋平却表示愿意考虑。

罗秋平本身是化学硕士，早在大学时就捕捉到日化用品的商机，毕业后放弃攻读博士学位、搞科研的机会，在 1988 年下海创业。他同样具有"敢为天下先"的胆识与勇气，张磊与罗秋平再见面时，对彼此有了更深的了解。这是故人的重逢，也是高瓴跟蓝月亮的"初相识"。怀着开辟新市场的雄心壮志，在高瓴资本的支持下，蓝月亮研发新产品，正式投入到中国的洗衣液市场。

让家庭主妇们接受新事物，不是一件容易的事，前期大笔经费的投入却没有利润产出，这让罗秋平本人心里也没有底。同投资腾讯一样，高瓴资本对投资人的服务不仅仅是资金上的支持，还有业务上的建议，张磊对罗秋平只有一句话：继续保持亏损，现在亏得越多，将来赚得会越多。

这句话听上去很像画大饼，可罗秋平信了，他相信的是张磊的眼光，相信的是高瓴的实力。经过一系列明星代言、产品促销，在互联网及线下普及洗衣液知识等大力宣传后，血亏三年的蓝月亮，终于迎来了连续 11 年洗衣液销量第一的辉煌。联合利华与宝洁等企业后知后觉，后来推出洗衣液产品奋起直追，最终都以失败告终，悔之晚矣。

蓝月亮的翻身仗，成为营销史上的经典案例，其中贯穿的正是投资人高瓴的投资理念，不拘泥于眼前，实现价值投资的长期主义才是根本。

高瓴资本重仓蓝月亮 10 年，回报率高达 20 倍。2020 年 12 月 16 日，蓝月亮在港交所成功上市，坐稳洗衣液的头把交椅，也成为日化产品电子商务的先行者，是最早与京东超市合作的品牌之一。传统商品与互联网结合销售是趋势，蓝月亮与京东的成功"联姻"，也要感谢他们的月老——高瓴资本。

至于高瓴与京东的故事，又是一段新的传奇。

助京东"一骑绝尘"

自 2005 年成立至今，高瓴创造了一个又一个投资神话，其中有两个回报超百倍的投资项目，一个是前文曾提到的腾讯，另一个则是京东。

如今的京东俨然是电商龙头，与老百姓的生活息息相关。当我们每天享受着京东带来的便利时，很少有人知道京东背后的酸甜苦辣。遇到高瓴之前，京东起起伏伏，濒临险境；遇到高瓴之后，京东一骑绝尘，势如破竹。高瓴与京东的故事，如同一部情节曲折的小说，跌宕起伏，精彩纷呈。

纵观中国近二十年来崛起的民企，大多极具个人色彩，京东也不例外。提到京东，人们第一个想到的，是它的创始人刘强东。刘强东创立京东的故事已是家喻户晓，1998 年，京东在中关村诞生，主打业务是卖光碟。多少人将京东的成功视为刘强东个人的人生逆袭，从农村到城市，从卖光碟到身价数百亿。可是有多少人知道，卖光碟的刘强东，只用了三年时间就成为中国最大的光磁产品代理商，在卖光碟之前，他大学时就靠编程挣了十几万，而从农村走出来的刘强东，与他的学长张磊一样，当初也是以市文科状元的身份考入人大的。

一个人的经历会折射出他的性格与能力。刘强东从小就很独立，且懂得感恩，上大学的第一笔生活费只有 500 元，还是村里人凑的，全村人的支持与关爱，激发了他自强奋进的信念。毕业后，他创立了京东，然后一步一个脚印，从一个卖光盘的小店起步，将京东打造成为知名企业，事实证明他挣钱的能力不容小觑。然而，到了 2010 年，一心想做大做强的刘强东却陷入了缺少资金的困境，不是他不行，而是"一文钱难倒英雄汉"。就在京东缺少资金、面临生死存亡的关键时刻，他的校友张磊出现了。

2010 年，中国人民大学的校友会上精英荟萃，热闹非凡。刘强东与神交已久的学长张磊终于见面，两人相谈甚欢。几天后，刘强东来到高瓴，向学长坦言了自己的困境，希望得到 7500 万美金的投资。

尽管校友会时，刘强东已经向张磊阐述了对京东的设想，张磊也表示赞许，但当张磊给出答复后，刘强东还是猛地一惊，没有任何的思想准备。

"我要投就投 3 亿美金，要么一分钱也不投。"张磊的回答如石破天惊，高瓴的投资，比刘强东预期的 7500 万美金整整多了三倍。

是张磊看在刘强东是学弟的人情上，还是高瓴疯了，选择了不计后果的孤注一掷？都不是。校友会后，张磊知道了刘强东的想法，与整个高瓴团队研究商讨，做出了投资的慎重决定，他们看到了京东的潜力，也看中了刘强东的个人能力。

京东的发展方向，是符合高瓴的投资理念的。首先，张磊个人对零售业非常感兴趣，他和高瓴团队，也一直在寻找合适的零售业企业作为合作伙伴。零售业是随着现代化生活推进而诞生的现代产业，是人们离不开的"生活必需品"。在市场多变、传统行业与新兴行业新旧交替的更迭中，零售业的发展相对稳定，且生命力长久，具有高瓴所看重的长期投资的特性。京东是一个零售业线上销售的电商平台，同零售业巨头沃尔玛、家乐福等实体超市相比，京东超市依托互联网，更具灵活性，前景光明。

其次，张磊相信刘强东的个人能力。通过校友会上的一席攀谈，张磊认定刘强东有头脑，有魄力，是个能做大事的人。投资的特点是高风险、高收益，投资机构最大化规避风险的办法之一，便是既投资项目，也投资人。一个项目的成败需要天时地利人和，一个能力超群的被投资人，他的主观能动性相对变化不大，能力强行动力就强，即使身处逆境也有翻身的机会。价值投资的长期主义，最终要靠人去实现，在高瓴的研判之下，认为刘强东是不会令他们失望的。

京东想做大做强，高瓴就来做托起京东的大鹏鸟，一日同风起，扶摇直上九万里。刘强东欣然接受了 3 亿美金的投资，他还不知道学长这 3 亿美金是怎么计算出来的，张磊说出了他的想法：线上零售业的短板在于仓储与物流，这是一个长期工程，要铺陈开来，至少需要 3 亿美金。

那一刻，刘强东的脑海中或许会浮现一句话：知我者，学长也。

对创业十几年的刘强东来说，京东物流是他的执念。大学毕业时，刘强东曾进外企工作过两年，做的正是物流行业，有这方面的工作经验。2007 年京东转型，开始搭建自己的物流体系，想在仓储与物流方面走在前面，缩短与阿里集团之间的差距。刘强东把所有的资金都押在了打造京东物流品牌上。他的想法没有错，可是 2008 年全球金融危机突然大爆发，覆巢之下，安有完卵，京东也受到很大冲击，到了 2010 年，资金链断裂，在高瓴伸出援手之前，刘强东正在苦苦寻找出路。

将零售业研究透彻的高瓴，深知物流对零售业的重要性。零售业发展至今也有上百年的历史，随着生活形态的变化，零售业的模式也在不断调整完善，以适应当前的社会生活。随着现代化社会进程的推进，仓储式零售业受到人们的欢迎，京东想打造一个长盛不衰的线上零售环境，必须突出其价格优势及购物的便利性，建立自己的物流体系刻不容缓。

有了高瓴注入的充裕资金做保障，京东在物流业大展拳脚，先是在 2010 年推出了"211 限时达"极速配送和上门取件服务，而后在 2012 年注册成立"京邦达"公司，将京东物流由内部使用变为开放的物流平台。随着京东物流的升级完成，2020 年 4 月，京东在港上市，高瓴投资京东的 3 亿美金，最终带来了 300 亿美金的收益。

　　从腾讯到京东，高瓴在投资的过程中都给出了中肯的发展意见，虽然公司未来走向的决定权仍在被投资方手里，但事实证明，高瓴的意见是一剂灵丹妙药，被投资方在得到资金支持的同时，对未来的发展方向也有了更准确的规划。

　　除了指出被投资企业困境的症结所在，高瓴也会为被投资企业积极"联姻"，如前文所提到的蓝月亮同京东的合作，由高瓴牵线，双方取长补短，蓝月亮成为线上的日化品销售之王，与京东商城双赢。张磊为京东牵线的企业不止蓝月亮一个，2014 年，在高瓴的促成下，京东和腾讯开始了长达八年的合作，共同成长，各自成为电商与即时通信领域的龙头。

　　从互联网到传统实业再到线上零售业，高瓴屡战屡胜，声名鹊起。业界都在观望谁是下一个高瓴选中的幸运儿，目光精准的张磊，会将高瓴的投资重心放在哪一个板块中。高瓴成立十几年来，投资了几百家企业，但它的"最爱"却不是有百倍回报的腾讯和京东。2014 年，高瓴参与了一家企业的 A 轮投资，此后七年间，高瓴又参与了这家企业的 7 轮融资，企业的名字叫做"百济神州"。

为百济神州药业的研发护航

一个又一个成功的投资案例，震惊了全世界的投资界，从创立之初的籍籍无名，到仅用几年时间就被推上神坛，"高瓴"二字意味着财富的密码，是急需助力的企业的救命稻草，也是 21 世纪经济发展进程中，一本正在书写、不断创行的投资教科书。

高瓴被业界推崇，张磊本人也被称为"投资界神话""中国的巴菲特"等。不以物喜，不以己悲，不受外界纷杂信息的过多干扰，是高瓴的基调，也是张磊本人的性格。接触过张磊的人都说，张磊为人爽朗热忱，积极向上，总是充满活力与斗志，在他身边的人，常常不知不觉地被他感染。伴随着高瓴的成长，张磊也从三十而立的年轻人，变成四十不惑的中年人，唯一不变的是他一如既往扎实的工作态度与生活态度，以及他为高瓴的未来不曾间断过的思考。

正如张磊本人一直强调的，"我们是投资人，也是创业者。"价值投资的长期主义，是投资人坚持的信念，也是一个企业保持旺盛生命力的法宝。张磊对高瓴的形容是"我们每天都在创业"，因为他每天都在思考投资领域新的突破口，为高瓴谋划新的方向。这是在践行一个投资机构领导者的职业使命，也是在实现张磊个人与高瓴资本的双重社会价值。

2018 年，中国内地上映的一部国产电影引起了轰动，不但创造了票房奇迹，还惊动了时任国务院总理李克强，总理亲自批示："癌症等重病患者关于进口'救命药'买不起、拖不起、买不到等诉求，突出反映了推进解决药品降价保供问题的紧迫性。" 从总理的批示中便能明白，这部电影讲的是癌症病人与药之间的故事。救命药如何降价，这是困扰中国药业多年的难题，中国人口众多，慢性病、肿瘤病人数量居于世界前列，对药品的需求量之大不言而喻。药价居高不下有多重原因，最根本的一条，也是中国药业最难突破的难点，就是大部分"救命药"都是进口的。不把药品研发搞上去，没有世界顶尖的中国药企，老百姓吃药难的困境是得不到根本解决的。

一部电影揭示了病人心中的痛，也揭开了国内生物制药行业产业链的薄弱环节。其实早在 2014 年，高瓴就开始深入医药领域，广泛支持 PD-1 创新药、外包生产研发、医学实验室等中国医药创新企业。投资医学行业，是高瓴开辟的新业务，张磊敏锐地意识到，中国医药医疗行业的黄金期到了。

从高瓴在投资领域的架构来看，他们对于药物研发有自己独到的见解。国家以人为本，身体又是革命的本钱，改革开放以来，随着国力日渐昌盛，中国的医疗改革也在不断进行，以投资人的眼光去看待中国的医疗行业，这是一个深度与广度都非常理想的投资市场，尽管困难重重，高瓴也决定放手一搏。

哪里难度最大，高瓴就从哪里开始，投资人要有面对高风险的勇气，也要有温度、有态度，始终以病人为中心。高瓴决定加强同药品研发企业的合作，加速推进中国药企的发展，几年间前后重仓 6 大生物医药企业，其中对百济神州药业共融资 8 轮，全程陪跑，史无前例，百济神州药业也被戏称为高瓴资本的"最爱"。

2010 年，百济神州药业在北京成立，主要业务就是创新药研发，创始人有两位，一位美国人，一位中国人。搜索百济药业十几年来的新闻，跳出来最多的一个词是"亏损"，亏损的金额令人触目惊心，不是几百、几千万，而是高达几十上百亿的巨额亏损，这样的企业不但没有亏得烟消云散，还能够成为中国首家三地上市的创新药企，听上去像天方夜谭。实际上，借助全球涌起的生命科学发展趋势，百济药业是资本界的宠儿，吸金狂人，多家投资机构看好百济药业的前景，不惜重金投资研发经费，高瓴资本从 2014 年 A 轮起，共融资 8 次，是百济在中国唯一的全程投资人。到 2021 年，高瓴三季度在美股中的第一大重仓股便是百济，可见其对百济不离不弃的信任，始终未减厚爱。

行业的特殊性所限，研发药品投资大、周期长，结果却难以预料，这已经是药品研发领域的死循环，让多少想研制新药的生物科技人才与企业望而却步，不得不放弃。进行药品研发，需要常人所不能及的耐心与勇气；投资研发企业，对投资方来说要有充分的底气，做长期投资得投得起，在这条漫长的药品研发之路上，投资方首先要保证后续资金源源不断，不能被拖垮。

手握百亿美金，高瓴的资金库是充沛的，即使这样，"有钱也不能任性"，高瓴依然保持着市场调研的好习惯，对每一笔投资都反复背书，慎之又慎。投资百济，不断融资，高瓴看中的是生物医药领域广阔的前景，也是对百济药业领头人的信任。说到百济的两位创始人，中国人王晓东，美国人欧雷强，他们的个人履历熠熠生辉，在成立百济之前，都有不同凡响的建树，对创新药的研发，有着"舍我其谁"的豪迈信念。

王晓东是位杰出的生物科学家，身兼美国国家科学院院士、中国科学院外籍院士。他出生于河南新乡，1980 年考入北师大生物系，后在美国攻读博士，师从两位诺奖得主进行生物研究。在成立百济药业之前，从事科研工作的王晓东，致力于研究治疗癌症的新方法，多次进行尖端实验。2010 年成立百济药业之后，王晓东唯一的职业理想，就是专心研发，研制抗癌新药。

同王晓东的科学家身份不同，另一位创始人欧雷强，则是一位商界奇才。欧雷强是麻省理工学院和斯坦福大学商学院的高材生，曾在麦肯锡担任商业顾问，同王晓东合作之前，他已经有了丰富的创业经验，对药品研发的广阔前景充满信心。

一个会研发，一个懂管理，张磊看好百济药业的两位创始人，相信百济会实现创立时定下的誓言："要做就做全球最好的抗癌新药。"在投资企业的选择上，高瓴要么不投，要投就投最好的。事实证明百济喊出的口号也不是一句空话，2019 年，百济自主研发的新药泽布替尼在美上市，依赖抗癌药进口的中国药业，也有了新药出口的零突破。

百济药业还需要多久才能扭亏为盈，高瓴也没有答案。8 次投资，不低于 10 亿美金的投资份额，高瓴至今没有卖出过一股。陪伴是最长情的告白，高瓴对百济的信心，对中国创新药研发的信心，尽在坚定的陪伴中。

启动百丽国际的数字化转型

高瓴的投资，始于创新型互联网企业，几年间辐射到各行各业，只要有市场潜力，能够实现价值投资长期主义的产业，高瓴都会做深入的调查研究，秉承投资机构的服务精神，珍视每一个为不同产业服务的机会。

好的投资机构要具备超凡的综合能力，除了在投资方面是专家之外，也应该是优秀的伯乐，善于发现被投资方的闪光点；还是精明的管理者，指出对方的不足，帮助被投资方找到解决困境行之有效的方法；更应该有高瞻远瞩的战略才能，帮助被投资方找到未来的发展方向。对有些投资机构来说，偏爱新型的现代化产业，对匹配人们消费升级的新兴市场更感兴趣，高瓴也不例外；只是他们与一般的投资机构的不同之处在于，除了那些投资人最喜欢的潜力股，在高瓴的投资板块中，传统产业的数字化转型，也是价值创造赋能中的种子选手。与新型企业相比，老牌知名企业在管理与销售模式上相对落后，可是他们本身的名气和消费者的信赖程度，都是一笔财富，如果能够向数字化模式转型成功，就会化腐朽为神奇，焕发出新的光彩。

五年前北方某城市的大型商场里，发生了这样一件事：一位女顾客试穿一双靴子后，十分喜爱，又苦于携带不方便，她还要去别的地方办事，只能放弃，打算以后再来买。这个时候，店员的提议令她非常惊讶，店员说：您留下地址，我可以帮您寄到家。女士最终留了地址，买下了这双靴子。在 2017 年的中国，依靠快递购买电商产品已经不新鲜了，可是商场里一家知名品牌，能把服务做得这么细致，给这位女士留下了深刻的印象。

这双鞋子的品牌叫做"百丽"（BELLE），是百丽国际旗下的时尚品牌，在电商覆盖零售业之前，常年处于各大商场的鞋履销售冠军，深受消费者喜爱。随着电商平台对线下商场造成冲击，百丽的销售业绩大不如前，渐渐被消费者遗忘。这一次小小的邮寄业务令消费者刮目相看，百丽国际的变化，也被张磊看在眼里。

张磊在高瓴起步阶段，将投资重心放在互联网行业，而他为高瓴制定的数字科技布局中，传统企业的数字化转型也是一个重要课题。张磊在寻找适合转型的企业时，注意到了百丽鞋业。

在传统企业的数字化转型方面，高瓴有着清晰的定位与详细的方案。张磊认为，传统企业的优势是它现有的消费者基础、过硬的技术知识、丰富的行业经验，这些方面的积累需要一个相当漫长的过程，是传统行业最宝贵的财富，在数字化转型过程中，要充分利用这些优势，并发扬光大。传统企业的劣势在于与互联网智能时代的匹配度太低，仅仅将产品由线下搬到线上，销售模式中增加一个电商平台，是远远不够的，还要将人工智能、数字化管理、大数据、云存储跟云计算融入到企业的各个方面，真正实现数字化管理，才是合格的企业数字化转型。转型成功后，企业将会降低成本、提高效率，为消费者提供更便利的购物体验，最终会实现数字化转型的终极目的：提升企业的竞争力，延长传统产业的生命力，更好地服务于消费大众。

依据高瓴的定位，张磊看到了百丽国际的优势。百丽一直在试图转型，只是没有找对章法，在这方面，高瓴是行家，可以助其一臂之力。

百丽品牌由香港商人邓耀在 1979 年创立。1991 年，邓耀正式注册深圳百丽鞋业有限公司。这位学徒工出身的鞋业大亨，对鞋的品质要求非常严格，给百丽打出的广告语也相当霸气，"凡是女人路过的地方，都要有百丽"。事实上他也确实做到了，百丽曾连续十年荣登女鞋销售榜首，在年轻女孩中流行着"人生中第一双皮鞋一定要是百丽"的流行语。同所有传统企业一样，后来的百丽受到了电商的强烈冲击，2013年以后女鞋业务开始萎缩，再加上年轻人消费习惯的改变，舒适轻便的运动鞋开始独领风骚，百丽的销售量直线下滑，尽管采取了许多办法也无法止住颓势。意识到如果不能改变，只有坐等消亡后，百丽也试图转型，他们建网站，搞品牌升级，然而效果并不理想，仍陷入屡战屡败的泥淖之中。

张磊看中百丽的品牌积淀，也欣赏百丽有转型的勇气。百丽之所以转型不成功，是对互联网陌生，并不擅长数字化升级。他们的弱项正是高瓴的强项，高瓴资本投资百丽国际，对百丽来说，是求之不得的取长补短的合作，对高瓴而言，百丽的品牌效应与产品质量，值得他们付出长线的投资成本。传统企业的数字化升级转型，不是简单地加入计算机与互联网的概念，而是要以数字化来管理企业，升级服务新模式，发掘新的客户价值，颠覆传统，重组价值链条，结合当下人们的消费习惯，升级消费体验，最终让百丽鞋业重回消费者视线。以企业的数字化转型为手段，实现产业科技赋能，打造全新的百丽国际。

这一系列措施，说起来简单，做起来难，然而高瓴还是做到了。张磊从百丽的运动零售板块"滔搏"入手，改造布局，优化门店，率先完成了滔搏运动的数字化转型，继而推进整个百丽国际的转型进程。这场没有硝烟的战争，高瓴又赢了。

2017年，百丽国际退市，高瓴接手，持57.6%的股份，成为新任股东。张磊马不停蹄，带领高瓴强大的赋能团队进驻百丽，开始了对百丽进行脱胎换骨的升级改造。他将传统门店升级为"智慧门店"，通过采集客流量数据，调整门店的产品结构，根据不同地区的客户需求，制定有针对性的产品布局，提高购买率。除了线下门店的改造，还帮助百丽建立网上社区运营，满足互联网客户的购买需求。经过高瓴一系列的改造措施，2018年"双11"，百丽创造了销售神话，销售额同比增长71%；2019年，百丽子公司在香港成功上市。仅仅两年，高瓴便从对百丽的投资中获得了近300亿的回报，而一代"鞋王"百丽国际，也在产业数字化转型的浪潮中站稳脚跟，屹立不倒。

　　坚持走长期主义价值之路的高瓴，不断创造奇迹，张磊也被誉为投资界的"中国巴菲特"。张磊是人不是神，这位四百亿美金掌门人的投资智慧，蕴含在他的人生轨迹中，由他所坚持的人生哲学嬗变而来。

第五章

四百亿美金掌门人的投资智慧

　　张磊是个待人长情、做事长效的人，他给高瓴资本所指定的投资原则也很明确：坚持长期投资，做企业的长期合伙人。作为一家投资机构，无论顺境逆境，高瓴都不会只在乎眼前利益，站在风口上挣快钱。风口来得快去得也快，被蝇头小利蒙蔽双眼，是在浪费一个投资机构长久的生命力，也是在损害被投资方的利益，没有尽到投资机构应有的责任。选择做时间的朋友，做长期投资，这是张磊性格中坚韧的一面，也是他强大的知识储备、丰富的工作经验所教给他的。

投资就是助力企业实现价值创新

2021 年 5 月 5 日，福布斯富豪榜的实时数据被各大网站竞相转载，引起了轰动。从数据上可以看出，宁德时代的董事长曾毓群以 345 亿美元的身家位列福布斯富豪榜第 42 位，超过身家 344 亿美元的李嘉诚，成为香港新首富。一时间，曾毓群与他所创立的宁德时代进入大众的视野中。

高瓴与宁德时代结缘，始于 2020 年 7 月，当时的宁德时代已经上市两年，股价涨幅超过五倍，创历史新高。按一般投资人的想法，此时并非投资良机，甚至可以说当时宁德时代的股价"太贵了"，入股风险很大。张磊没有被其他人的想法左右，在他的心中，只要他看中的时机就是投资的"良机"。他以 161 元入股宁德时代，开启了高瓴投资宁德时代的序幕。四百亿美金掌门人的这次投资，并不被业界看好，甚至被戏称为宁德时代的"接盘侠"，处于历史最高点的股价一旦回落，高瓴的这次投资将处于亏损的被动境地。

然而，事实再次证明了张磊的投资眼光何其精准，在高瓴投资宁德时代后不到一年的时间，收益率便突破 250%，而宁德时代的股价继续大幅上涨，2022 年最后一个交易日，收盘价为 393 元，最高价位曾达到 692 元，刷新了业界认知。入股宁德时代，高瓴的投资神话再添新的辉煌，也彰显出张磊与众不同的投资智慧——洞察到企业价值创新的能力，便可有效地规避投资风险。

在张磊的价值主义体系中，一个企业具备价值创新的能力，对高瓴而言就具有价值投资的意义。价值创新是现代企业竞争的一个新理念，它并不着眼于竞争，而是开辟全新市场，使企业获取更大的发展空间，实现价值的飞跃。如何评定一个企业是否有价值创新的能力，张磊给出的定义之一是"企业处于有成长空间的未来行业"。

宁德时代是福建的一家民营企业，全称为"宁德时代新能源科技股份有限公司"，由创始人曾毓群创建于 2011 年，以新能源汽车动力电池系统、储能系统的研发、生产和销售为主。2017 年，成立六年的宁德时代，动力锂电池出货量已达到 11.84GWh，位于全球前列。2018 年 6 月 11 日，宁德时代在深交所上市，距离它的成立，只用了七年时间。

列举宁德时代从成立之初到上市一系列惊人数据的时候，可以清晰地看到这家年轻的企业，处处体现着一个"新"字，新能源属于市场的新领域，新能源汽车属于将主导汽车未来发展方向的新产品。在全球致力于实现"双碳"（碳达峰、碳中和）目标的背景下，新能源车成为汽车界的新宠，2022 年全球新能源车销售突破千万辆，同比增长 63.6%；中国新能源汽车销量达到 688.7 万辆，同比增长 93.4%。而这种趋势还没有停止，新能源汽车的市场占有率在持续增加，传统汽车受到极大的冲击。

随着新能源汽车的销售增长趋势，所需要的动力锂电池数量也在大幅增加，以生产动力锂电池为主的宁德时代，发展空间巨大，符合有价值创新能力的"处于成长空间的未来行业"。张磊义无反顾地投资，便是看到了宁德时代超群的价值创新能力，在这种能力的驱使下，企业会发展得更快更强，高瓴的投资自然也会收获回报。

以价值创新的衡量标准来挑选企业作为投资对象，张磊的目光并没有只停留在"新产品，新市场"上，而是有着更深入的思考。他结合当下经济发展的态势，进行跨地区、跨行业的联合研究，试图在人、生意、环境、组织等事物之间找到内部的必然联系，从而构建起企业

新的发展空间，实现价值创新的目标。这一次，他看好的行业是势头
正猛的在线教育。

　　伴随互联网的普及与发展，人与人、企业与企业之间的沟通受地
域的限制越来越少，线上会议、线上面试等交流方式已屡见不鲜，其中
"线上教育"打破了传统教育时间与空间的壁垒，受到学生与家长的
普遍欢迎。我国在 2017 年的《国家教育事业发展"十三五"规划》中
也明确表示，支持 "互联网＋教育"教学新模式，加快发展在线教育
和远程教育。

　　猿辅导是中国在线教育中的佼佼者，它创立于2012 年，是 K-12（覆
盖学前到高中）在线教育的首个独角兽公司，公司的主旨是"在线教育
科技领先者"。将科技创新技术引入传统教育领域，以发展的眼光引
领公司走在"在线教育"这个新兴市场的前端，猿辅导的经营理念同
张磊的价值创新理念相一致，它正是高瓴心目中理想的被投企业。2020
年，高瓴资本领投了猿辅导最新一轮的融资，总额高达 10 亿美元，与
猿辅导的合作，也扩大了高瓴在教育板块的投资布局。

　　寻找新行业、新领域的优秀企业作为投资目标，只是高瓴实现价
值投资的手段之一。在张磊的价值创新理念中，传统的制造业并没有
被排除在外，相反，从张磊独特的投资视角来看，销售渠道单一、管
理机制老化的传统制造业，只要产品质量过硬，有一定的客户基础，
依然有着潜在的价值创新的能力，如果能将科技创新技术融入实体企
业的 DNA 中，必将创造出企业新的生命力。张磊希望以高瓴为创新媒
介，以科技赋能传统制造业更先进的战斗力，为此，他在高瓴内部打
造了一支超过 200 人的赋能队伍，简称 DVC（Deep Value Creation）。

　　DVC 专门为高瓴的被投企业提供相关服务，可以看作一个负责高
瓴"投资售后"的团队，服务内容包括数字化、精益制造、商业及产
业路径设计、市场化人才招聘、产业资源对接等。面对不同的被投企业，
DVC 都会提供有针对性的赋能服务，帮助企业摆脱传统桎梏的瓶颈，

跟上科技发展的时代脚步。

为了 DVC 能更好地帮助企业提高创新能力，张磊经常参加企业高管的会议，他称其为"去学习"，以这种方式加深对企业的了解，找到企业可以发扬光大的闪光点，以及需要改进的不足之处。2021 年 9 月 23 日，清科研究中心联合高瓴资本共同发布了《科技创新驱动的投后服务新模式——高瓴深度价值创造（DVC）研究报告》，详细阐述了 DVC 的工作模式在企业改造创新中起到的重要作用。

除了用豪华团队为企业做售后，张磊还保持着他实地调研的习惯。2017 年他深入到湖南的山村，作为创业导师探访当地的创业者。考察了几个创业项目之后，张磊发现当地的自酿米酒不错，他亲自做售后，联络江小白的高管助当地米酒产业一臂之力，为山村创业者创造了广阔的发展空间，也帮助他们由一个山村酒作坊，变成具有价值创新能力的品牌企业。

价值创新是高瓴价值主义投资的核心本质，也是张磊坚持不懈的投资信念。在中央电视台的财经节目《遇见大咖》中，张磊曾坚定不移地表示："展望未来十年，如果投资只能做一个选择，我想我依旧会选择、看好创新。"在未来的投资之路上，张磊会带领他的高瓴团队，继续助力企业实现价值创新，也实现他作为投资人从未改变过的投资理想。

穿越时间周期，坚持长期投资

一个人的学识达到了一定程度，才有底气打一场持久战。在耶鲁捐赠基金实习时，张磊看到了常青基金（Evergreen Fund 投资方主要是美国的私立院校的基金会，比较接受基金投长线）的实践指南，开始思考"如何建立一家真正践行长期投资理念、穿越周期、不唯阶段、创造价值的投资机构"。（摘自《价值》，张磊著）

从耶鲁基金的实习再到华尔街的实战，回想第一次创业时经历的互联网泡沫迅速消亡，张磊坚定了长期投资的信念，他认为价值主义的长期投资也许无法在短期内改变市场，可是却能够穿越时间周期，最终赢得未来。

长期投资能够赢到最后，是张磊经过理论与实践的研究后，为高瓴通向成功点燃的一盏明灯。投资机构也是一家需要盈利的企业，短期投资见效快，利润也高，长期投资与之相比，似乎"赚钱太慢"。高瓴不是慈善机构，当然要有利润才能将机构做大做强，更好地为企业和社会服务。张磊曾经研究过，长期投资虽然时间周期长，投入成本高，可是能帮助企业成长，高瓴也能获得更大收益。

陪伴一个有潜力的企业一起成长，企业在成长的过程中，会因为高瓴的陪伴而完善管理，强化能力，当时机成熟时，企业在市场上有了竞争力，它的利润是会持续增长的；作为投资方的高瓴，得到的也是复合收益，远比短期收益要高得多。投资是一场马拉松式的较量，不是起跑时谁冲在前面，谁就一定是胜利者。在这场奔跑的游戏中，速度与耐力缺一不可，长期投资会将那些玩风口游戏的人远远甩下，赢得最后的胜利。

做长期投资，最关键的一条就是要在前期做大量调研工作，胸有成竹之后再做决定，这样做往往事半功倍，成功率很高。高瓴的市场调研是相当严格的，时间长，范围广，密集频繁，研究讨论时严谨而客观。高瓴做的每一笔投资，重头戏都在前期的调研，团队经过实地调查后，形成详实的调查报告，供张磊做投资前的考量。

衡量一个企业是否需要投资，高瓴也有自己的考核条件：首先要考虑企业的行业前景，符合市场规律才会有更大的发展；其次要衡量公司的核心竞争力，包括企业的领导者是否和高瓴的行动理念一致，企业的商业模式、管理模式是否先进合理，现有不足是否可以改进，从而焕发新的活力。一系列调研、考察、研讨后，高瓴才会做出是否投资的最终决定。从前期细致的基础工作中就能看出，在长期投资的理念指导下，高瓴对待每一笔投资都是慎重又有耐心的。

高瓴成立十七年，几百个成功的投资案例中，没有一个是短期投资，张磊认为只看重即时利益的投资并不是真正的投资，只能算是"投机"，高瓴是不屑于此的。高瓴所坚持的长期投资，也并非长期持有某一只股票不出手。高瓴认为能赢到最后的长期投资，要在某一领域做好深耕的准备。高瓴所投资的企业，平均股票持有期为三年，很多人将高瓴的投资视为企业风向标，被高瓴选中的企业就是"优质股"，在高瓴的扶持下，未来定会有更大的发展。

在高瓴投资的几百家企业中，除了长期合作的腾讯、京东、百济神州药业以外，在多个领域中开展长期投资的企业有近六百家。零售业是张磊最看重的领域之一，有广大的消费者在，就能保持零售业的长盛不衰。从京东开始，高瓴一直在依托互联网做电商布局，连投五轮完美日记，使其创造"中国最年轻上市化妆品公司"的电商奇迹；科技赋能"良品铺子"，使其成为"人手一包"的零食界新宠；高瓴是托起它们的有力臂膀。他们助力一批年轻有活力的电商零售企业从无到有，从小到大，在一大批实力雄厚的传统零售企业中脱颖而出，成为互联网零售业新势力。

张磊一直在坚持为中国的医疗事业保驾护航，除了高瓴的"最爱"百济神州药业之外，张磊重仓的医疗企业还有恒瑞制药、药明康德、爱尔眼科等。2020年2月，高瓴资本推出独立风险投资品牌"高瓴创投"，投资方向的重点之一就是生物医药与医疗器械，一年后的第二季度，十家医疗公司上了高瓴创投的名单。张磊并不掩饰他在医疗板块上的野心与耐心，2022年，其他创投公司在放慢脚步求稳，高瓴依然保持在医疗方面的密集型投资，对医疗行业的信心不变。张磊相信高瓴会和这些企业一起成长，笑到最后。

随着互联网的发展，张磊也提前看到数字生活在中国的发展潜力。高瓴先后投资了美团、携程、贝壳找房、怪兽充电等与人们的生活息息相关的企业，其中有上市公司，也有"独角兽"企业。突如其来的疫情加速了中国网民数字生活的进程，有高瓴的资金支撑，借着时代加速度，这些企业也为高瓴创造出了长期投资后的复合效益。高瓴会陪伴它们成长，直到它们成熟独立再退出，为彼此创造一段最美的同行路。

科技领域的发展和人们的数字生活关系密切，高瓴这几年的投资重点也放在科技板块上。仅2021年上半年，高瓴投资了80个硬科技，表明高瓴长期投资、"重仓中国"的立场没有改变。国家"碳中和"政策与国际接轨，高瓴则看重与之匹配的新能源车、工业机器人等方向，在互联网企业已经步入饱和成熟期后，正在起步中的工业互联网前景是广阔的，高瓴将在这一新领域大展拳脚，为他们的长期投资规划好蓝图。

长风破浪会有时，直挂云帆济沧海。一名优秀的投资机构掌舵人，仅拥有无与伦比的投资智慧是不够的。张磊的胸襟与气度，耐心与格局，决定了他在不断地超越自我、超越他人。高瓴用自身的成功来证明，坚持长期投资，实现价值投资的长期主义，才能真正独领风骚，赢到最后。

投资要具有一双会看人的"慧眼"

抛开高瓴投资机构的身份，单从一个创业企业的角度而言，张磊将高瓴一手打造成亚洲最大的私募机构，全世界瞩目的投资神话，可谓是最成功的创业者之一。成立十几年，高瓴的投资范围广泛，投资方式多样，正如它的名字"高屋建瓴"，高瓴总是走在市场变化的前面，在各个领域大放异彩。高瓴的成功，离不开张磊的功劳：作为投资人，张磊创造了一个又一个经典案例，收益惊人；作为领导者，张磊带着高瓴做大做强，所向披靡。人们在钦佩张磊的同时，也很想探寻张磊成功的秘诀到底是什么。诚然决定一个人成功的条件有很多，但张磊有一个很特别的优点，也是决定他成功的关键之一，他有一双会看人的"慧眼"。

投资是一项理论与实践相结合的工程，需要张磊这样清醒睿智的领导者，也需要一个步伐一致、能文能武的强大团队。创立之初，张磊便选择了几位志同道合的老朋友做合伙人；高瓴扩大后需要招兵买马，但张磊选人的原则没有变：必须要找靠谱的人，才能把高瓴投资这件"有意思"的事做得更好。

在张磊眼里，四种人最靠谱。"自驱型"人才，内动力强大，很少受外界影响，有上进心，这样的人会鞭策自己不断进步，和高瓴共同成长。"时间敏感型"人才，时刻铭记时间就是生命，生命该有张有弛，会规划好自己的时间，做事高效不拖沓，能很好地完成自己的分内事，带动起整个团队的做事效率。"有同理心型"人才，张磊始终强调，投资机构是为被投资方服务的，要站在对方的立场上考虑事情，有一颗替对方着想的同理心，这样才能及时发现被投资方的优势与不足，帮助被投资方更好地完善自己，提升市场竞争力。靠谱人才的最后一条标准，也是高瓴的传统，要"爱学习"，高瓴创业之初，整个团队不断学习，摸索前行，风风雨雨十几年，高瓴人爱学习的氛围从没有改变过，并将一直延续下去。这也是高瓴保持投资旺盛期的密码，常学常新，绝不懈怠。

通过一双"慧眼"，张磊拥有了高瓴这样一支硬核队伍，但投资是双向的选择，选对被投资方，才能碰撞出成功的火花。张磊说，"投资就是投人"，选择一个企业作为高瓴的投资对象，除了要考察对方企业的潜力之外，更看重的是企业的创业者究竟是怎样一个人。投资的成败依靠时间验证，他可以和企业一起来一场投资的冒险之旅，但选择与谁同行，张磊是慎重而严格的。

纵观与张磊合作过的创业者们，每一个都是人中龙凤，履历闪耀。张磊曾被称为"刘强东与马化腾身后的男人"，可见他选人的眼光有多么出色。

高瓴的"最爱"百济神州药业创始人之一王晓东，不仅是驰骋商海的企业家，还有更让世人景仰的身份——细胞凋亡领域的科学家，美国科学院院士。科学家除了在他的专业领域能力无可挑剔之外，也普遍具备智商高、做事情专注的优点，是个靠谱的人。王晓东建立百济神州药业的初衷，就是要"给中国人做最好的抗癌药"，这是一位科学家对患者的同理心，也是一个企业家对国家与人民的赤诚之心。张磊相信王晓东有这个实力，只要给百济药业时间，王晓东会实现他的创业理想。如今，百济神州自主研发的抗癌新药已经在海外上市，张磊的眼光没有错。

高瓴对美团的投资，也离不开张磊对美团创始人王兴的欣赏。王兴在创立美团之前，已经创立过知名度颇高的校内网（人人网前身）和饭否网，有着清华大学电子工程学士和美国特拉华大学计算机工程硕士的教育背景，他在创办互联网企业时，没有技术上的壁垒。王兴是学霸，也是一个一腔热血的创业者。张磊和王兴有许多共同话题，他们都爱读书，都具有创业的激情，敢想敢做，又都在实际工作中坚定务实，不"画大饼"，不搞虚假数据。张磊曾协助美团融资 40 亿美元，又促成了美团与大众点评的合并，为美团抢占市场份额奠定了基础。基于张磊对王兴的信心，高瓴对美团投资成功，投资履历又添闪亮的一笔，也助力美团的发展更上一层楼。

　　高瓴还有一个堪称范本的投资案例，就是扶持"插座之王"公牛集团上市，使其成为世界级的民用电工企业。张磊的投资战略中，有一项是帮助传统行业转型，将科技用于生产管理中，为此他在高瓴组建了一个几百人的赋能团队，专门帮助企业在各个方面升级。以插座起家的公牛集团进入了高瓴的视线，公牛的创始人阮立平以他的坚韧与守信打动了张磊。坚韧会敦促创业者根据市场的变化伺机改变，不会故步自封；守信则会留住客户，营造良好的企业文化。高瓴投资公牛的成功，再次证明张磊看人的"不二法则"是十分精准的。

　　一双会看人的"慧眼"，仿佛是张磊的特异功能，被他看中的人成为高瓴的"天选之子"，成就了高瓴完美的投资。这双慧眼并非天生，是张磊用自己的智慧与人生经验修炼而成的。投资之路上，张磊将继续坚持自己的投资理念，与投资价值观一致的同路人，共同实现价值投资长期主义。

资本是一场"把蛋糕做大"的价值游戏

现代创投 (venture capital investment) 起源于 20 世纪初，最早在美国萌芽，富人将多余的钱提供给需要资金帮助的新兴企业，从中获利。20 世纪中叶，投资的概念蔓延至欧洲大陆，英国的多家银行开始尝试创业投资，渐渐形成规模。20 世纪 90 年代，创投在欧洲盛行，新兴企业蓬勃发展，到了 2000 年，欧洲投资水平同美国基本持平，创投成为全球经济的重要推动力量。2000 年是世界经济发展的一个分水岭，"互联网泡沫""资产重组"等概念预示着全球经济衰退，而此时，中国市场的创投才刚刚开始。

将大学时学到的理论与后来工作中的实践经验相结合，张磊对于资本有了深刻又独到的理解。经济学对于资本的定义，从不同的角度有不同的理解，它是经济领域的基本生产要素，是人类创造精神物质财富的资源，也是金融学概念里"财富"的代名词。资本代表着财富，财富却远远不是资本的全部，张磊更愿意把资本比作一场"把蛋糕做大"的价值游戏，你好我好，大家双赢。

张磊把投资分为两种类型，一种叫作"零和游戏"，另一种是"把蛋糕做大游戏"。前一种在张磊眼中是不值一提的，他要做就要"把蛋糕做大"，这才是他心目中真正的价值投资，也是货真价实的、能够创造长期价值的资本力量。

若是想知道张磊为什么青睐于第二种游戏方式，我们先来看看什么叫"零和游戏"。零和游戏，就是在总量不变的情况下，此消彼长，相互牵制。这是一场个体之间的博弈，像打麻将，我赢了一百块，意味着其他三个人总共输了一百块，胜负相抵正好是零。放在投资领域，零和游戏往往代表着挣快钱，有人挣到钱了，意味着有一棵或者 N 棵韭菜被割了，这种投资不是在创造新的价值，是依靠某种方式从别人的口袋里拿钱，和张磊主张的长期主义价值投资相悖。实际上创投行业的"零和游戏"处处可见，许多人把它当成得到"第一桶金"的手段之一；然而玩"零和游戏"的投资，也许会有拿到第一桶金的机会，想得到长期叠加的复合利益是相当困难的。

"把蛋糕做大"则不同，一块小小的蛋糕如同有限的价值，能分到的人很少，通过价值投资创造新的价值，把小小的蛋糕做大，让更多人有机会品尝到蛋糕的"美味"，这个游戏就好玩多了，也更有意义。这就是张磊坚持"把蛋糕做大"的理由。

他在《价值》一书中曾说过：投资不是投机，不要盲目赶风口，要看企业的真正价值。在张磊带领下的高瓴，坚决不做投资领域的机会主义者，利己而不利他人，高瓴要靠自己的实力与能力，把蛋糕做大，让每一位与高瓴资本共同前进的同行者，都能吃上美味可口的大蛋糕。

把蛋糕做大，并非人人都能实现，要有过人的智慧与超强的实力，才有资格做一名创投领域合格的"蛋糕师"。张磊就是一位优秀的"蛋糕师"，这位横空出世的商业奇才，以他自己特有的方式，让高瓴拥有投资行业无人能及的"蛋糕魔法"。

魔法之一，帮助企业开拓多种业务，找到新的效益增长点。比如传统行业的转型要以科技创新为主，增加企业的科技性，在科技性中产生更多的增长点。科技性不仅体现在企业的管理与业务的拓展上，也包括所用原材料以环保材料为主，原材料的特点是否具有科技性。企业在开展新业务时也要符合低碳环保的全球大趋势，这样创造出的新增长点才会有生命力。

当下，传统社会与网络已经融为一体，现实世界与虚拟世界的隔阂被消除，数字生活正在起步，必将在不久的将来成为主流。除了科技性，企业的产品多样性、与消费者数字生活相结合的紧密性，也是增长点产生的有利条件。高瓴会引导企业采用先进的改造手段，改变传统企业本身的单一死板，也改变一些互联网企业功能性单一的弊端，用高瓴的"蛋糕魔法"，让被投资企业产生脱胎换骨的改变。比如，在数字化浪潮的冲击下，传统零售业只有线下门店的销售渠道是不够的，高瓴会帮助企业构造新的销售体系，除了保留线下门店之外，通过建立网店、与知名互联网平台合作等方式，扩大销售渠道，效益也随之增加，"蛋糕"自然就变大了。而与互联网企业的合作中，高瓴也会以发展的眼光指导互联网企业进行升级，在单一电子商务的基础上，同"人工智能、大数据运用"相结合，丰富互联网的功能，延长互联网企业的生命力。

高瓴的蛋糕魔法之二，也是我们前面提到多次的行之有效的企业赋能方法，就是行业内同类企业的合并，或者企业间的强强联合。比如美团与大众点评的合并，就使得在没落的团购市场要失去蛋糕分享权的美团，一跃晋升为行业的排头兵，市场份额迅猛提高，很快实现了蛋糕自由。

而企业间的强强联合更是高瓴资本信手拈来的独门绝技，早期促成的腾讯与京东联合，近年来在医疗赛道内，高瓴与淡马锡强强联合，投资医疗行业的综合服务商凯莱英，都是令世人瞩目的"豪门联姻"。高瓴最近一次的大动作，是去年重资 340 亿收购飞利浦的家电业务，加上此前高瓴已经入主格力电器，手握国内外两大家电品牌，高瓴又一次使用强强联合的"蛋糕魔法"，这一次的家电蛋糕能做到多大，人们正拭目以待。

通过以上的例子，我们必须承认，张磊是一位名副其实的会把蛋糕做大的魔法师，但其实人们都忽略了张磊手中最大也是最重要的一块蛋糕，那就是他一手创立的高瓴资本。

　　高瓴资本由小到大，由弱到强，由海外私募资金起家，到四百亿美金自由支配，本身的创业史就是一部传奇。它就像张磊的孩子，张磊爱护它，保护它，陪伴它成长，一步一步纠正它成长的方向，而不是利用它玩零和游戏，急于变现。

　　高瓴的投资模式很多，为了把蛋糕做大，张磊不拘泥于投资形式，细心研究，大胆尝试。高瓴资本覆盖一、二级市场的全同期投资，通过跨地域、跨行业、跨阶段的深入研究，寻找投资机会与合作伙伴；长期深耕，帮助企业打造与之匹配的管理和组织能力，除财务投资外，还使企业得到全面赋能，从而稳定成长。高瓴如今在全球多个地方都有自己的办公室，顶尖人才来自世界各国，高瓴这块大蛋糕，已经具有国际化的标准了。

　　资本是残酷的，作为投资人，张磊试图在"把蛋糕做大"的冷冰冰的资本游戏中注入温情，保持投资人的同理心，竭尽全力地去通关。这不仅是为了高瓴，也是为了那些有勇气开始做蛋糕的年轻创业者。助力企业，创造价值，张磊践行着价值投资长期主义的诺言，他愿意做那个与人分享蛋糕的、有力而温暖的强者。

以哲学思维方式缔造投资智慧

随着高瓴的成功，人们将目光聚焦到了创始人张磊的身上，张磊行事低调，很少谈个人生活，又让他的传奇经历多了几分神秘色彩。张磊被赋予的头衔有很多，如"四百亿美金掌门人""投资界的神话""中国的巴菲特"等。他的投资智慧里，有对西方先进投资理念的传承，也融入了对中国市场经济元素的思考。寻找张磊投资智慧的根源，与他坚持以哲学的思维方式来看待投资有很大关系。

哲学是对基本和普遍之问题进行研究的学科，是有严密逻辑系统的宇宙观。追溯"哲学"的希腊语词源"Φιλοσοφία"，意为"追寻智慧"，一个人要有追寻智慧的能力，必须达到一定程度的智慧层面才行。而投资也不只是金钱交易那么简单，投资是一门客观理性的科学，要遵循经济领域的科学发展规律；投资也是复杂多变的艺术，要通过主观感知做出判断。张磊热爱学习、喜欢读书，在求学求知这条路上懂得了许多人生道理，也养成了以哲学思维方式去看待事物的习惯。进入投资领域后，张磊将他所悟出的道理与他所掌握的金融与投资知识相结合，用哲学的思维方式去做投资的研究与判断，势必比别人多了一层深刻的理解。

哲学思维方式其实就是理性思考的方式，它是辩证性的思维方法，对任何事物都应一分为二地看待，反对把过去的、一时成功的经验作为绝对真理照搬套用。

价值投资理论是由西方著名投资人本杰明·格雷厄姆首先提出来的。同样深谙西方哲学精髓的张磊，以哲学思维方式来思考价值投资，在两者之间的辩证关系上，曾总结出一句名言，"价值投资最伟大之处在于，它将'投资'这项难以确定的事情，变成了一项'功到必成'的事业，变成逻辑上的智识和拆解，数字里的洞见和哲学，变化中的感知和顿悟。"从"难以确定"到"功到必成"，这就是张磊的投资智慧，辩证的思维方法帮助他在投资时考虑充分，看清利与弊，做出正确的判断。

张磊的投资智慧，在高瓴对"完美日记"的投资中得到了充分的体现。

中国化妆品行业落后于欧美等发达国家是不争的事实，我们的化妆品企业起步晚，技术落后，营销策略也有待完善，想追赶上全球大品牌化妆品公司还需要很长一段时间。中国有着庞大的化妆品消费市场，国外品牌的市场占有率远高于国内品牌，以 2021 年为例，欧莱雅集团在我国护肤品行业的市场占比为 15%，其次是雅诗兰黛，占比为 7.8%，宝洁集团占比为 5.4%，位居第三。本土化妆品企业在中低端化妆品市场也竞争激烈，从行业现状来看，投资中国的化妆品企业需要一定的智慧与勇气。

张磊看到了中国化妆品企业与欧美大品牌企业的差距，也看到了潜在的巨大的化妆品国内消费市场。任何事情都应该一分为二地看，差距大，成长空间也大，国内化妆品企业正在不断学习，加紧研发，提高产品质量，增加销售渠道，依靠实力缩小与大品牌企业的差距。张磊看到了中国美妆品牌的希望，他相信中国的美妆企业即将崛起，这是一个投资的好时机。

2019 年底，张磊与完美日记的创始人黄锦峰共进晚餐，他告诉黄锦峰，"中国一定有机会诞生新的'欧莱雅'"。事实上早在 2018 年，高瓴就开始了对完美日记的投资，并连续五轮融资，成为完美日记母公司逸仙电商的最大机构投资人。

完美日记成立于 2017 年，是广州逸仙电子商务有限公司旗下品牌，主营面膜、护肤品、彩妆等美妆产品，消费者定位以年轻人为主。获得机构投资后，逸仙电商发展迅猛，2019 年总销售额为 35 亿元，较 2018 年的 7.58 亿元实现了同比大幅增长 363.7%，约为同期中国美妆市场零售额增幅的 30 倍。在高瓴资本及其他投资机构的加持下，2020 年 11 月 19 日，完美日记母公司逸仙电商在美国纽交所挂牌上市，成为国内首个美股上市的美妆集团。高瓴同完美日记的合作，展现了张磊以哲学思维方式来思考价值投资，做到了把不确定的投资变成"功到必成"。

哲学的逻辑思维方式是不变的，投资市场动态发展却时刻在变，对投资而言，"以不变应万变"显然太过消极，跟不上风起云涌的投资形势。如何以固定的思维方式，去思考不断变化的投资条件，做出正确的研判，是优秀投资人要掌握的高超思维技巧。张磊显然找到了应对价值投资最合理的哲学思维方式，那就是要在变化中去感知和顿悟。投资市场的不可预见性正是它的魅力所在，即使对已知的条件全部研究一遍，即将到来的未知因素也会影响投资的最终结果，再料事如神的投资者，也无法窥探出未知因素的全貌。

投资中的不可知因素就是一枚定时炸弹，是决定成败的关键，张磊提出要用"第一性原理"去思考问题，即使是未知因素，也存在着与现实某种有迹可循的关联，以哲学的严密逻辑系去找到这虚无缥缈的关联，从而顿悟即将发生的不可知因素，最大限度地排除这枚定时炸弹，便可最大化地规避投资风险。至于是否能找到那虚无中的关联，则因人而异，要看投资的领导者及其团队的能力了。张磊始终以哲学思维方式研究投资，所以他对投资未知因素的洞察力，比常人更胜一筹。

　　孙子兵法有三十六计，据说一计便可救命，张磊的哲学思维方式帮助他形成了应对投资的三十六计，每一计都是高瓴的护体神功。如果我们非要为张磊的成功定义出一个秘诀，也许一句最朴素却充满哲学意味的古语很贴切：书读百遍，其义自见。

投资是格局的较量

最近我们经常听到"眼界窄了，格局小了"这句话，成为人们善意调侃的流行语。格局是个很神奇的词汇，它的边界由人的思想决定，可以是眼前的一亩三分地，也可以是无穷无尽的广袤天地。一个人的格局有多大，他拥有的世界就会多么辽阔。

投资是千军万马间的厮杀，也是格局的较量；投资无小事，格局决定谁会登顶称王。在《价值》一书中，张磊详细阐述了在投资过程中，"与伟大格局观者同行"的心得体会。在投资较量中需要有大局观的，不仅是一起同行的投资伙伴，投资机构的领导者个人的格局观也非常重要。张磊在书中并没有用豪言壮语阐述他个人的格局观，我们不妨从他做事的方式与细节中，去领略他作为投资界神话的大视野、大格局。

为投资界留下经典案例的张磊，做事的气魄与勇气不容置疑，在他儒雅外表的背后，是指点江山的王者气概、挥斥方遒的大将风度。在投资的战场上，张磊有舍我其谁的傲气；在生活中，张磊又是个谦虚温和的人。在高瓴，他同大家一起学习，一起工作，他将每一位普通员工都看作可以交谈的朋友、可以请教的兄长。格局并非趾高气昂，往往学识丰厚的人，反而会沉淀出谦和的君子风度。高瓴内部的气氛融洽自由，与张磊个人的行事风格密不可分。

一个人的格局还表现在他的包容心上，包容不是当老好人，没有原则地听之任之，包容反而更有边界感，允许别人犯错，也善于听取别人的意见，修正自己的想法。张磊很喜欢和别人交流，在交流中带动身边人提高自我；他也适时调整，完善自己的不足。高瓴团队有很强的向心力，张磊用他的包容心，打开了整个团队的新格局。

格局观的局限性，往往存在于"小我"的私心中。人是有七情六欲的感情动物，处在花花绿绿的浮华世界，欲望是无止境的。想要控制欲望，便要做一个心中有大爱的人，为了实现理想，人应有无私的奉献精神。当一个人打开格局，眼中有更宽广的世界时，就会看到自身的渺小，在物质上的贪欲就变得无足轻重。从创立高瓴开始，张磊就定下了服务他人的职业理想。真正优秀的人，是没有时间与精力过多地考虑自己的利益的。

放弃小我，以价值主义的长期投资为远大目标，如同站在巨人的肩头看世界，张磊的眼界与胸襟，与他自己的职业理想互相成就。海纳百川，有容乃大，当投资者的格局打开以后，在投资的战场中，便已经占了上风。

正因为张磊的个人格局打开了，他才不会刚愎自用，也没有嫉妒心，张磊欣赏和他一样优秀的创业者、企业家，从他们身上感受到不同行业的价值观，因而能更好地为高瓴的投资服务定位。成功的企业家在擅长的领域各领千秋，也有着大格局共同的优点，比如创业的激情，对行业发展深度的思考以及经历过大风大浪后的从容与冷静。与张磊合作过的卓越企业家中，有几位是令张磊想起来就很感动的，感动于他们对事业的拼搏与热忱，感动于他们作为创业者的眼界与心胸。

格力电器的董事长董明珠是位女中豪杰，她从格力的底层做起，呕心沥血，殚精竭虑。可以说格力电器的每一步成长，都凝聚着董明珠百分之百的汗水与心血。张磊感动于董明珠为中国制造业付出的努力，看到了董明珠带领格力电器开拓发展的格局与决心。作为一些领域里世界最大的制造业基地，中国力量就要靠这样有担当、有格局的企业家去振兴、发展，张磊很愿意与他们携手同行。

孙飘扬是恒瑞医药的前董事长。恒瑞医药成立于 20 世纪 70 年代，他早年是药厂的技术员，亲身经历了没有自己的制药技术就要看别人眼色的窘境，从此下定决心发展制药技术，为恒瑞医药的技术革命做出了巨大贡献。张磊因孙飘扬而感动，因为孙总并没有像其他药厂那样，为了眼前利益做仿制药，一个真正有格局的人，才会克服一切困难着眼于未来。高瓴会为这样的企业提供最无私的帮助。

一位眼科医院的创始人，却是"红绿色盲"，这不是段子，是现实生活中的真实事件，而他创立的眼科医院大名鼎鼎，在中国几乎没有人不知道，这就是爱尔眼科的董事长陈邦。张磊感动于陈邦的突破自我，也钦佩陈邦超前的思维方式，他认为陈邦是真正有格局的人，能在困境中打开新的起点，走一条别人没走过的不寻常之路。

优秀企业家之间的合作，将创造崭新的投资新格局。张磊个人对投资中的格局有三层理解。第一是初心未改，始终肩负着创业时的职业使命，为实现长期价值投资的理想而奋斗不息。第二是不能停滞，要保持进化，价值的长期投资不能在原地躺平，不断进步才能延长投资的周期，保持企业核心竞争力。第三是打开了格局，便没有终局，就像创业者一直在路上一样，投资的长期主义是无上限的，投资的格局就是为长期战斗做好准备。

投资要有大局观，大局观与着眼于细节并不矛盾。在投资中格局的较量之一，便是留心每一个投资过程中的细节，从细节上去捕捉发展趋势，调整投资计划。张磊是个细心的人，为了保持对投资市场的敏感度，他喜欢与企业家面对面交谈，也经常亲自深入市场做调研，甚至还有意和不同年龄层的消费者打交道，从而捕捉不同人群的消费需求，为高瓴的投资方向把好关。

大格局观中还有一点很重要，就是要保持畅通有效的沟通。良好的沟通会加速投资的进程，使得在投资战略的部署上无死角。于公司内部而言，有效的沟通会增加团队的凝聚力与战斗力；于投资机构跟被投资方而言，有效的沟通会产生共鸣，增加彼此的了解，投资方理解企业的难处，企业也领会投资方的意图。替他人着想，在投资的较量中便会有共同进退的同理心，格局打开了，投资离成功也不远了。

　　投资是场格局的较量，也是并肩打开新格局的最好成长方式之一。张磊在这场较量中，展现了他开阔的眼界与博大的胸怀，正因如此，高瓴才能始终立于不败之地。

第六章

恰巧是投资人的创业者

倡导科学与自由的 21 世纪，是一个为创业者而准备的造梦时代，经历了不同形态的人类社会，进入现代化的高速发展阶段，经济规律更具有客观性。创业者们凭借勇气与信念自由驰骋，这其中高瓴的辉煌充满了梦幻般的迷人色彩，张磊本人也被光环笼罩，收获无数的鲜花与掌声，成为人们崇拜的对象。

最佩服的两个人

从小便聪明伶俐，又曾是高考状元，张磊可谓天之骄子。当人们仰望这位投资界奇才时，张磊也有两位他非常佩服的投资界前辈，其中一位是他的恩师大卫·史文森（David Swensen）。

被喻为世界上两位真正伟大的投资者之一的大卫·史文森，一生书写了无数辉煌，极富传奇色彩。大卫·史文森毕业于耶鲁大学，曾是诺贝尔经济学奖得主托宾的学生，拥有博士头衔。未到而立之年，大卫·史文森就进入华尔街打拼，在那个刀光剑影的金融王国里，他声名鹊起，闯出一番天地。后因母校邀请，他毅然决然地放弃高薪，成为耶鲁捐赠基金的投资主管。

大卫·史文森在投资界的地位，从他的著作——《机构投资的创新之路》的重要性便可见一斑，这本书被西方誉为机构投资的圣经。张磊近距离地了解恩师，对这位投资界巨人产生敬佩之情，正是从接触这本书开始的。

张磊在耶鲁基金开始的第一个工作任务，便是将史文森老师所著的《机构投资的创新之路》翻译成中文。张磊曾将翻译的过程形容为"艰巨"。这本书词汇量大，专业性强，对当时还没有投资经验的张磊来说，难度可想而知。比如"fiduciary"这个单词就把他给难住了，绞尽脑汁后，张磊翻译为"受托人"。大卫·史文森终其一生都在履行受托人的责任：保护投资者的利益，并使自身利益与信任自己的投资人、合作伙伴保持一致。从翻译这本书开始，张磊成为了老师的投资理念追随者，高瓴的每一笔投资，都在忠实地履行受托人责任："交给我管的钱，就一定把它守护好。"

《机构投资的创新之路》于 2000 年在美国首版上市；十年之后，经过张磊的翻译，于 2010 年由中国人民大学出版社出版发行中文版，让更多的中国读者能够领略到大卫·史文森的投资智慧与人格魅力。

大卫·史文森于 1985 年接手耶鲁捐赠基金，当时的耶鲁基金受美国通胀影响，一直在走下坡路，本着长期价值投资的原则，大卫·史文森开始改造耶鲁基金的投资模式。此后的三十多年里，耶鲁基金总额从 10 亿飙升至 312 亿美金，这中间大卫·史文森带领着耶鲁基金跨越了 1987 年的股灾、2000 年的互联网泡沫、2008 年的金融危机，使得耶鲁捐赠基金成为世界上长期业绩最好的机构投资者之一。大卫·史文森用他的一生证明了长期价值投资才是真正的投资。张磊也是长期价值投资的忠实践行者，如今的高瓴成为长期价值投资的机构典范，也用它的成功，影响了后来的一大批投资者。

接手耶鲁基金之初，大卫·史文森最先着手做的就是基金所管理的资产配置，由此创立了著名的"耶鲁模式"，即将投资分为不同种类，以达到增值又规避风险的目的。几十年间，耶鲁模式历经一次又一次金融风暴的考验，成为可以穿透时间波动阻隔的最稳定的投资模式之一。张磊也深受其影响，在高瓴的发展进程中，他以耶鲁模式为基准，根据高瓴的发展特点，总结出了非常有效的高瓴公式。张磊称自己是投资人，也是创业者，双重身份下，他总结的经验何其宝贵；高瓴公式同耶鲁模式一样，成为投资者前行道路上的明灯，为前赴后继的创业者们在迷茫中指明了方向。

开创了投资机构新模式先河的大卫·史文森，有一个很可爱的外号——耶鲁财神爷，只是人们不知道，这位在金融界可翻云覆雨的"财神爷"，最喜欢做的事情却不是投资，而是当老师。他一直在耶鲁商学院任教，是最受同学们欢迎的老师之一。除了在商学院讲课，大卫·史文森在耶鲁基金工作时，也愿意培养年轻人。从耶鲁基金走出去的投资精英，活跃在美国各个大学的投资机构中，大卫·史文森凭一己之力，改造了整个美国大学的基金体系。

之所以喜欢教书，是因为大卫·史文森认为最伟大的投资其实是投"人"。张磊十分认同这个观点，也练就了一双看"人"的慧眼，并且愿意同年轻人在一起，诲人不倦，将自己的所学所想倾囊相授。2017年，受史文森老师的鼓励，张磊与同仁们一起创办了高礼价值投资研究院，大卫·史文森担任研究院的名誉理事长，并在首届开放日活动上发表致辞，以实际行动支持张磊。

大卫·史文森和张磊，都可以称之为投资界的"超级巨星"。我们常常会发现，真正的巨星并不张扬，反而谦逊低调，锋芒内敛，做事专注纯粹，有一颗诚挚的心，张磊是这样，大卫·史文森也是这样。生活中的史文森崇尚节俭，性格乐观，喜欢和人交谈，总是能听到他开朗的笑声。他有一千种投资的手段和方法，却始终坚持金钱不是生活的全部，要做一个有良知的人。张磊创立高瓴的初心就是为他人服务，直到现在，高瓴被捧上神坛，张磊依然初心不改，投资的底线也不曾改变，那就是投资要替他人考虑，不赚黑心钱。

2020年秋天，张磊的著作《价值》出版，大卫·史文森第一时间读了这本书，并向身边的投资人及朋友推荐。他描述学生时代的张磊是这样的："张磊的勤奋与才智让他在耶鲁管理学院脱颖而出。作为耶鲁投资办公室的实习生，他的职业素养给每个人都留下了深刻的印象。"经过20多年的相识相知，他们互相欣赏，惺惺相惜，大卫·史文森是张磊生命中一位非常重要的良师益友。

2021年5月，67岁的大卫·史文森因病离世。巨星陨落，业界悲痛，张磊难过地写下长文[1]，寄托哀思，怀念这位当世奇才。

除了大卫·史文森，张磊还有一位十分敬佩的投资界前辈，同大卫·史文森不同，这一位的名字就是财富的象征，人们称呼他"股神巴菲特"。

张磊与巴菲特之间的故事，有着小友与老友间的童趣，也处处闪耀着投资巨匠的智慧之光。正是他们这几位金融天才，联手撑起了全球投资人的梦想，创造出投资机构的新格局。

---

[1] 高瓴资本张磊发文《传奇永不落幕——纪念大卫·史文森》。

被巴菲特主动邀请的中国企业家

2006 年，一位中国商人以 62 万美元的天价，拍下了与股神巴菲特共进午餐的机会，在网络上引起轰动。要知道从股神那里得到的每一句话，都有可能开启一座阿里巴巴的宝库，多少富豪为了每年一次的"巴菲特午餐"趋之若鹜，这一次，幸运落在了中国企业家的身上。

著名的巴菲特午餐自 2000 年开始，每年都有一位舍得豪掷千金的幸运儿，可以带着他的六位朋友，同巴菲特在纽约的牛排店里大快朵颐。不过相信在巴菲特老先生面前，这七位用餐者连嚼咽牛排的时间都舍不得花，毕竟老先生口中说出的每一个字，都是价值连城的金玉良言。巴菲特一生赚钱上千亿，比他的物质财富更值钱的，是他在投资界戎马一生的宝贵经验以及可对投资界产生百年影响的投资智慧。

沃伦·巴菲特，近百年来地球上最会赚钱第一人。早年他以"捡烟蒂"（"捡烟蒂"理论由巴菲特的老师本杰明·格雷厄姆提出，意指寻找股价低于净营运资产 2/3 的公司）的投资方式，实现了财富增长。随着投资市场的变化，巴菲特后期转向价值投资，累积的资产达到千亿美元，成为世界首富，被人们称为"股神"。巴菲特不但热衷投资，也热衷于做慈善，坚持了 22 年的"巴菲特午餐"，所有竞拍的"餐费"都捐给了美国的慈善机构。那些为了能和巴菲特吃上一顿饭而豪掷千金的企业家们，都是巴菲特投资理论的追随者，有的是为了向偶像致敬，有的是愿意为慈善事业出一份力，而他们也有一个共同的目的，

"听君一席话，胜读十年书"，他们都希望在饭局上受到股神的启发，将自己的事业发扬光大。

在同巴菲特共进午餐的企业家中，有一位中国企业家非常特别，他不但不用花一分钱，还是被巴菲特主动邀请的。这个人到底有多大能量，能得到股神如此青睐呢？如果人们了解他这十几年在投资领域的辉煌战绩，就会明白连巴菲特也欣赏他的理由了。这个人就是有着"中国巴菲特"美名的高瓴总裁张磊。

张磊和巴菲特是有些共同语言的。张磊七岁就摆摊挣钱，巴菲特六岁从爷爷的杂货店进货口香糖，挨家挨户去卖，一个月净赚一个成年人的月收入，两位赚钱高手都有着极高的投资天赋，眼光精准，敢想敢做。张磊非常敬佩巴菲特，而巴菲特也很欣赏张磊这位投资界的后起之秀，作为创业者，张磊创办的高瓴是成熟又成功的投资机构，作为投资人，张磊创造的高回报率甚至超过了巴菲特。

两位旷世奇才共进午餐，成为投资界津津乐道的佳话。外人不仅羡慕被巴菲特主动邀请的张磊，而且从两代投资教父的身上，看到了投资背后隐藏的科学与哲学的光芒。投资不仅仅是钱生钱，还是推动全球经济发展的高智商手段，同时会更好地帮助他人，帮助热血的创业者，帮助困境中的企业家，通过慈善帮助贫民窟里的穷人，帮助上不起学的孩子。投资的终极目的，是让人类社会变得更加安定与幸福。

那天，要去见自己最佩服的人，张磊是兴奋而郑重的，他和巴菲特约好时间之后，坐上巴菲特安排来接他的车，这本是社交场合正常的礼仪，可是当后座上的张磊发现司机竟是股神本人时，惊讶得马上道歉，巴菲特却笑着说："这是我的荣幸，你对一个80多岁的司机都这么放心。"他用玩笑化解了尴尬，也缓解了张磊的紧张。那次午餐吃了什么，张磊可能已经不记得了，但与巴菲特讨论的价值投资创新和品质投资等当下的投资核心问题，张磊是会铭记一生的。刚见面时老人的风趣给张磊留下了很深的印象；交谈中，巴菲特一针见血、妙语如珠，年过八十却没有半分老态，是一直走在投资领域前沿的霸气王者。午餐结束后，富可敌国的股神又以他特有的方式，对眼前的年轻人表示赞赏——他将钱包交到张磊的手上，说了一句意味深长的话：你管钱比我管得好。

尽管巴菲特这句鼓励的话也有着玩笑的成分，然而能让股神亲口开这种玩笑的人，张磊是唯一的一位。有人曾将张磊的投资数据做了认真的总结分析，结果令人震惊！短短十几年，高瓴就投资了近八百家公司，综合所有的投资回报率，张磊竟然比巴菲特还高出了18%！当然，每个投资者所处的时代不同，得到的时代红利也不尽相同，但张磊创造的惊人回报率，连股神都被惊动了。

同张磊和他的恩师大卫·史文森一样，巴菲特也坚持价值长期投资，曾有人质疑即使听了他的忠告也赚不到钱，巴菲特一语道破天机：因为你不愿意慢慢赚钱。张磊能收到如此高的回报率，正因为他是个"慢慢赚钱"的人。做投资，张磊总是有足够的耐心，他深刻地领悟了"慢慢赚钱"的精髓——只有长期价值投资才能将复利的收益最大化。在投资领域里，快钱虽然来得快，但在放弃时间成本的同时，也放弃了经过时间的文火慢炖所产生的不可估量的复利价值。价值长期投资，说起来容易做起来难，要有准确的分析判断能力，要做好短期内颗粒无收的心理准备，要有足够的智慧，还要有坚定的信念，这所有的条件，张磊都做到了。

股神用一顿免费的午餐肯定了张磊的价值，张磊在享受这顿不同寻常的午餐时，更多的是向巴菲特表达他的崇敬之情。巴菲特在投资场上所向披靡的战绩已是家喻户晓，除此之外，股神还有一个容易被人们忽视的优点：强烈的同理心。俗话说，"君子爱财，取之有道。"能够坚持价值长期投资的人，都会站在他人角度设身处地着想，将双方共同利益设为投资目的，不会牺牲合作方的利益赚快钱，而是同心同力创造新的价值。巴菲特是这样，张磊也是这样。高瓴的成功，也让世人看到了张磊的"同理心"，他是值得信赖的投资人，也是不忘初心的创业者。

股海云涌，大浪淘沙，一顿世人瞩目的午餐，两位时代王者的交流，人类社会繁衍生息，越变越好，靠的是强者的高屋建瓴，也离不开普通人的共同努力。漫漫人生路，正是每个人实现自我价值的奋斗之路。

享受运动，推崇运动精神

张磊有着常人所不能及的非凡智慧与宏伟气魄，当然，也是一位有七情六欲、喜怒哀乐的普通人。他也有自己的快乐与烦恼，也会承受工作中的重重压力，会想办法自我调节。张磊化解压力的方式和普通人一样：去做一件自己喜欢的事。

生活中的张磊有两大爱好：一是读书，二是运动。即使工作再忙，张磊也会抽空看书，给自己一段静谧放松的独处时光。运动则不一样，它是张磊一个人放松的减压方式，也是张磊同家人在一起的沟通方式，同朋友在一起的社交方式，甚至还是高瓴的企业文化。张磊享受运动，也推崇运动精神，在他看来，一个爱上运动的人，无论在身体上还是精神上，都将终身受益。

关于张磊对运动的喜爱，要追溯到他那懵懂的童年时代。小时候的张磊不爱学习，十分贪玩，踢球、打球样样精通，经常呼朋唤友地进行各种体育活动。那时候的张磊，体育成绩一直很好，是班里的运动健将。现在回想，也许是从没间断的体育运动，培养了他的勇气与毅力，让他在后来的求学与创业之路上获益匪浅，正是因为他充分发扬了勇攀高峰、坚韧不拔的运动精神，尽力把每一件事做好。

创立高瓴之后，张磊非常重视企业文化的培养。人有人的性格，企业也有企业的风格，以运动精神培养企业文化，比空泛地去给员工灌输"爱岗敬业"的观念要强百倍。张磊不但在投资上有独到见解，管理公司也是有过人之处的，他以身作则，也带动了其他人都爱上运动，高瓴因而拥有了自己与众不同的"运动队文化"。

一个具有运动精神的团队是强悍的，运动会让团队更有凝聚力，许多有趣的运动本身就是集体项目，一个人玩不转。大家在一起运动的过程中，可以增进彼此的了解，培养协作精神与默契程度，提高工作效率。

其次，运动是竞技体育，能够锻炼人们坚持到底的意志品质。有胜负才有拼劲，良性的竞争意识会带给企业经久不衰的活力，员工们在运动中可以真正理解"胜不骄、败不馁"的含义，能做到敢抢敢拼，想赢又不怕输。这样的心态会增强人的抗压能力，让人始终以乐观的精神面对一切困难。

不怕输并不意味着躺平，品尝运动中的胜利是一件非常美妙的事情。运动会激发一个人的胜负欲，产生内驱动力，主动提升自己的能力，不断拼搏，超越自我。有运动精神的团队，自然有一股积极向上的卓越力量，这样的企业又怎么可能不成功呢？

抛开运动精神赋予企业的无限活力，运动本身最基本的优点，就是会带给我们一个好身体。大家每天都在喊"996"、亚健康，不如运动起来，既让身体有了休息的时间，也会让人们在暴汗的同时，放松神经，身体和心理都变得更健康。

运动有许多种，张磊爱冒险，自然也会喜欢具有挑战性的运动。夏天，张磊喜欢在大海里冲浪，这项运动是非常刺激的，踏浪而行，豪气干云，要保持冲浪的身姿不变，必须全神贯注，不能分神。早晨去公司之前，张磊都会挤出一小时时间专门冲浪，为大脑来一次放松SPA，身体随着海浪起伏，灵魂比鱼儿还轻盈自由。放松过后，他再神清气爽地去上班，身心愉悦，工作时也会事半功倍。

冬天，张磊则喜欢滑雪，而且滑得很不错。张磊是单板爱好者，网络上能找到的为数不多的他的生活照，基本都是滑雪时照的。说起来，张磊学会滑雪，还是因为儿子。张磊的儿子是滑雪爱好者，为了保持与儿子的良好沟通，张磊加入了滑雪者的行列。张磊曾在一次访谈中提到，他的家庭非常幸福，他和妻子经常带着三个孩子一起旅行，一起运动，十分难能可贵的是，他们全家人对运动项目的喜好完全一致，所以能玩到一起去，有许多共同语言。运动不仅增加了高瓴的凝聚力，也让张磊的家庭生活和谐快乐，让他无后顾之忧，全力以赴地投入工作中。

运动还丰富了张磊的社交圈子，使他结识了许多有共同爱好的创业者们。像张磊这样大脑每天都在高速运转的企业家，几乎都有着良好的运动习惯。成功的企业家都极其自律，能坚持运动，不会半途而废。一起参加共同喜爱的运动，不仅能让企业家们多了交流的机会，还会为各个行业的巨头们创造出更多的商机。

高瓴有两次商业合作的契机，都是与张磊爱运动有关。2020年4月，不断调整公司投资结构的高瓴，与美国著名单板品牌Burton合作，成立合资公司，共同开展Burton在中国的业务。当时单板滑雪还没有在国内形成热潮，张磊本身是单板爱好者，他意识到以单板滑雪的魅力，有可能风靡中国市场。果不其然，两年后的北京冬奥会，中国小将在滑雪项目上大放异彩，单板滑雪受到追捧。高瓴又一次走在了市场的前面。

另一个与运动有关的决策，是高瓴在2014年与蔚来汽车的合作，这也成为后来高瓴投资中的经典案例。当时蔚来汽车还没有成立，只是创始人李斌酝酿已久的一个想法。在长白山的雪场，李斌与张磊相遇，张磊对李斌创立的易车服务网印象很好，听说李斌当时正在筹建蔚来汽车，当场决定投资。如今蔚来汽车已成为电动汽车领域的佼佼者，蔚来智能生活也逐渐成为年轻人喜爱的新的生活方式。张磊当时看似冲动的决定，为高瓴带来了又一次成功的投资。

一个在工作中始终保持昂扬姿态的企业家，一定也是热爱生活的，张磊为我们诠释了什么是真正的"人生赢家"。他对这个世界饱含深情，才会保持乐观的心态，以积极向上的精神，为高瓴开创更美好的未来。

坚持深入研究寻找正确方向

而立之时创业，一晃十七载，张磊也走到了知天命的年纪。知命而不信命，这是中国人的处世哲学，做事情竭尽全力，勤奋、努力、善良，对于结果又淡然处之，坦然、豁达、乐观。张磊是高瓴的领航人，带领他的团队乘风破浪，披荆斩棘；也是高瓴集团的精神领袖，乐观，积极，经过风浪的洗礼之后，依然是从前那个纯真执着的少年，初心不改。

正是张磊的这份初心，使得他身处光怪陆离的投资行业，始终以自我的判断为基准，按照自己的方式做事，以价值长期投资为信念，以持续服务他人为核心，不管外界多么纷扰，高瓴都能平心静气，在不停变化的经济市场中，以不变应万变。

也有人会质疑张磊的这份初心，认为张磊的成功不过是运气好，是赶上了国家日新月异的腾飞吉时，顺势而为罢了。事实上，在 21 世纪之初，陆续出现的投资机构不止高瓴一家，能成为亚洲最大的私募机构，并于 2018 年完成一只规模为 106 亿美元的新基金募资，打破此前的 93 亿美元记录，成为亚洲募资规模之最的，只有高瓴。一路走过 17 年，高瓴的成功并非偶然，因为在创业之初，高瓴就做对了两件事，并且更为难得的是，一直把这两件事坚持到现在，从未放弃。

在讲这两件事之前，还是要先讲讲张磊这个人。有人曾说过，在投资人的群体中，张磊算是一位"学院派"，他做决定的时候果断干脆，极富冒险精神，可他真正投入一件事情中时，往往会做大量的前期工作，像进行科学研究一样细致入微。张磊是非常重视研究的，坚持深入研究，寻找正确方向，这两件事就是引导高瓴规避风险，保持投资高回报率的成功秘诀。这是高瓴的坚持，也是张磊个人的坚持。不论在高瓴的投资决策中，还是生活中的其他事情上，张磊如一位孜孜不倦的学者，哪怕再繁琐，也要将研究进行到底。

马克思有一句名言，"实践出真知"；毛泽东同志也曾说过，"没有调查就没有发言权"。张磊学贯中西，对调查与实践的重要性非常清楚。他认为只有深入调查研究，才能找出事物的基本面，总结出可行性方案，为投资规划出正确的道路。在投资的实际过程中再印证判断，是否选对了方向。如果实践的过程有所偏差，会再回头寻找研究时的漏洞，如此循环，不断修正，势必会找到正确方向，离成功越来越近。

在经济学领域，基本面是一个决定成败的关键词。它是指对宏观经济、行业和公司基本情况的研究分析，其中包括公司的管理及财务报表、业绩、发展趋势等情况。脱离基本面，就无法从事实出发，做出正确的判断。投资不是"赌"一把的投机，纸上谈兵得出的结论往往是海市蜃楼，不堪一击。张磊对于基本面的认识，早在大学时已经铭记于心，这些年来无论是创业还是投资，可以说"基本面"就是高瓴扎实的底盘，底盘稳如泰山，高瓴自然也坚若磐石。

张磊认为，"价值投资最重要的标志就是研究驱动"（摘自《价值》一书）。寻找基本面必须坚持第一性原理，即回归事物最基本的条件。他将研究驱动分为三种形式，按照这三种形式，会拨开纷繁的信息找到基本面，从而看清本质，作出判断。

第一种形式是深入研究，即研究深、研究透。所谓"深"，就要深入到企业的内部，深入到创业者的思想中，深入到消费者的心理中。高瓴是非常善于做市场调查的，他们深入第一线，通过面对面的交流得到第一手的材料，这就是他们所需要的"基本面"。

比如高瓴的第一笔投资，重仓腾讯，双方的结缘就是从市场调查开始。张磊在收到的名片上看到一串 QQ 号，他便开始研究腾讯的用户基础有多大，用户黏性有多强，通过调研预测出腾讯的未来有很大潜力，从此开启了两大巨头间的紧密合作。

所谓"透"，则要透过现象看本质，根据第一手数据追溯市场的变化，找到变化中的因果，从而推断出未来的走向，看清正确的发展道路。这一点体现在高瓴对于宁德时代的投资上，张磊在宁德时代的股价达到 161 元的高峰值时买进，外界并不看好，他根据新能源汽车持续增高的市场占有率，判断出以生产汽车锂电池为主的宁德时代，股票还有很大的上涨空间。果然，在高瓴投资后不到一年的时间，宁德时代的股价最高涨到 556 元，高瓴资本获得了近 400 亿的回报。

第二种形式是要做长期研究，即研究关键时点、关键变化。经济市场最大的不变就是它永远在变，这句话听上去有些绕，却说出了经济市场的本质。跨越周期的长期研究，涵盖的信息量庞杂琐碎，这就要去研究关键时点，找出其中的关键变化。长期研究对于价值投资的长期主义是非常有必要的，研究的周期越长，为长期投资规划的时间也就越长。做长期研究，就是要给投资人和创业者足够的底气，投资人有耐心，创业者才会更有信心，有条不紊地完成计划，实现价值主义。

第三种形式对投资人本身有相当高的要求，要坚持独立研究，找到与众不同的独特视角，以及对数据的独特洞察。投资终究不是一场友谊赛，而是市场竞争中的选拔赛。如果说深入与长期研究需要的是时间与耐心，那么独立研究则完全是看个人能力，看投资机构的整体水平了。一千个人的眼中有一千个哈姆雷特，面对同样的数据，一千个投资人会找到一千条大路通向罗马，至于谁能拔得头筹，到达终点，则因人而异。张磊最擅长的就是另辟蹊径，他总是会从不同的角度去思考，发现价值创新的机会，比如他帮助京东发展物流，帮助腾讯与电商平台联手，帮助传统企业向数字化转型，这样的例子不胜枚举。坚持独立研究，不断开拓视野、开阔思路，当一招妙棋盘活整个棋局时，研究驱动也达到了它的峰值，为价值长期投资做好了万全的准备。

巴菲特有一个关于投资的著名金句：别人贪婪时你恐惧，别人恐惧时你贪婪。一个优秀的投资人，从没有一分钟会停止思考，他们总是做足准备，伺机而动，对于目标一击而中，不会偏离。想做到这样的精准投资，大量的研究工作必不可少，投资人的脑海中都装着移动的数据库，不停运行的大脑就是最精密的仪器。投资是一场令人陶醉的冒险旅程，也是一门让人叹为观止的艺术。

张磊是沉迷研究的"学者"，是独辟蹊径的冒险者，也是将投资变得赏心悦目的艺术家。坚持深入研究，寻找正确方向，这是创业者张磊为高瓴制定的前进法则，也是投资人张磊给创业者们最诚挚的帮助，最有力的托举。初心不改，方得始终，张磊用他的实际行动，为这八个字做出了最好的诠释。

世界上只有一条护城河

十七载风雨兼程，张磊为高瓴的发展倾注了全部心血，高瓴的崛起，也是张磊从一个籍籍无名的创业者到被业内封神的投资人的奋斗历程。一个又一个成功的投资项目，一轮又一轮高得惊人的回报率，张磊的投资事业蒸蒸日上，高瓴成为"成功"的代名词。

外人只看到成功者身上的光环，却很难看见成功背后的艰辛。既是创业者又是投资人，决策时的取舍是艰难的，担负团队利益与被投资方利益的双重责任是重大的。为了高瓴的发展，张磊付出了无数的汗水与心血。

付出便有回报，在由鲜花与掌声铺满的高瓴的未来之路上，张磊无可争辩是这条路上的王者。然而在张磊的身上，只有投资人的行为低调，没有成功者的志满意得，甚至张磊说他依然每天都在创业，享受创业的激情与不确定性；他也时刻警醒自己，切忌在得意中变得草率，作为投资人，他有义务守护好手中的每一分钱，守护高瓴的未来，也守护合作方的信任。

站在顶峰的张磊，没有"高处不胜寒"的寂寞，只有比当初创立高瓴时更多的责任感，他深知自己的身后站着一群需要他的人。俗话说"能者多劳"，张磊是人们眼中的"能者""牛人"。张磊自己反而常常自省，要避免犯一些低级错误，比如"贪婪""愚蠢"，这是企业家最容易犯的错误，是张磊时刻检视自己不能踏入的雷区，他要守住内心的那条"护城河"。

　　"经济护城河"的概念源于巴菲特的投资理论，他认为，把握正确的投资方向，就是要寻找护城河。巴菲特对经济护城河的形容十分浪漫，"奇妙的，由很深、很危险的护城河环绕的城堡……护城河永久地充当着那些试图袭击城堡的敌人的障碍"。这其中，企业就相当于城堡，企业的竞争力就是它的护城河。这竞争力也许是产品的特性，也许是成本的低廉，也许是企业本身的品牌效应……企业不同，它的护城河也不同，找到这条护城河，依靠的是投资人的眼光与思维。一旦找到了护城河，这个企业的市场竞争力就是强大的，投资的成功率也会大大增加。

　　张磊非常认同护城河的理论，如果要为"护城河"下一个定义的话，价值投资者的自身修养，也是其中的重要因素。2020 年 6 月 21 日，张磊参加了高礼价值投资研究院的线上公开课，对话高毅资产董事长兼CEO 邱国鹭，主题便是"论一个投资人的自我修养"。

　　张磊谈到投资人的修养中，第一点也是最重要的一点，就是能不能诚实地面对自己，真诚地去衡量自己，不过度自信，不高估自己的聪明。

　　其次，要让自己站在企业家的角度去想问题，以同理心去真正地理解企业。投资人和企业家的本质是相通的，都是对卓越的追求，对创造价值的认可，都有着长期打造一个伟大组织的强烈信念。

　　再者，团队协作也体现着投资者的修养。张磊形容高瓴是"农耕文明"——精耕细作、春播秋收。农耕文明有一个好处，那就是能够静下来深耕。

　　最后，投资人比的是品质和心性，企业家比的是品质和格局观，格局观不光是看事情的长远，而且还是能看清事情的本质，看清人的本质，加深对组织的理解。

　　这就是张磊心中投资人必须有的"护城河"。投资人要不断学习，不断进步，敏锐地捕捉市场的变化，具有超前的思维，克服人性中的弱点，保持清醒与理性，做出正确的决定。

事实上，高瓴一直在深入研究和寻找真正的护城河。护城河是存在假象的，比如短期内的品牌效应，却不一定能经得起长期的市场竞争；比如低成本的生产虽在短时间内有价格优势，但是会很快受到高附加值产品的冲击；再比如，一款产品在一段时间内风靡全球，然而随着科技的发展，也难以避免被市场淘汰。关于如何找到真正的护城河，在巴菲特的护城河理论基础上，结合高瓴的实践经验，张磊认为，在投资领域中，世界上只有一条护城河，从三个角度理解护城河，可以完整地勾勒出护城河的全貌。

首先，世上并没有静态的护城河。互联网在这条"河"中起到了加速新陈代谢的作用。过去缓慢的更新换代与单一的消费形式，随着互联网生活方式的普及，以加速度变化着。第一个寻找护城河的视角，便是打破传统思维，从互联网的时代背景与生态环境中去寻找变化中的恒定优势，这个优势，也就是可以把企业保护在安全地带的护城河。

第二个视角是要学会透过现象看本质，找到关联起不同领域的共同商机，打造出一个全新的、多角度的立体思维模式。这不但是在寻找护城河，也是在创造护城河，将现在的护城河加宽加深，让屏障更加牢固。平台多样化、职能多样化、管理及销售模式多样化，都会让企业产生新的优势，也产生新的护城河。张磊在谈到研究驱动时就一直强调，要学会独立研究，一个好的投资机构，就是要有独立思考的能力，帮助被投资人打造出新的多样性，从而为投资找到安全的护城河。

第三个视角是要具有开放性。真正优秀伟大的企业，是能敞开胸怀去包容和接纳新变化的，故步自封只会让自己的护城河萎缩干涸，最终变成一道阻碍企业发展的鸿沟。护城河是动态的，企业的发展也是需要不断变化的，张磊以投资人的身份，旁观每个企业的优势与劣势，带着他的高瓴团队为企业整合资源，让企业间取长补短，共同发展，它们的护城河甚至可以融合共享，达到双赢。

　　张磊从多视角寻找护城河，在高瓴与字节跳动的合作中体现得尤为明显。字节跳动成立于 2012 年，短短十年间就成为排名前十的互联网大厂，在互联网企业中属于后起之秀。互联网企业本身的特点就是科技感强，变化快，它的护城河一定是动态的。字节跳动的动态的护城河靠强大的算法及开发能力，在短视频、信息推送、百科解答等不同领域都创造了成熟的 APP，牢牢占据人们的眼球，无形中用多样性将动态的护城河加深加宽。而之所以能达到多样性，是因为作为互联网企业的字节跳动，并没有局限于互联网人才的培养，它广纳贤士，在各个领域打造业务内容不同、分工不同的团队，用互联网这根线将它们整合到一起，企业的市场份额占有率增加，它的护城河自然就更具保护性，高瓴的投资也有了保障。

　　世界上只有一条真正的护城河，张磊给这条河的定义不像巴菲特那么浪漫，他认为"持续不断疯狂创造价值的企业家精神，才是永远不会消失的护城河"。这句话听起来有创业者的锋利，也有投资人的雄心壮志。张磊坚持价值主义长期投资，一直在带领高瓴团队理解价值、发现价值、创造价值，高瓴的定位，就是做企业的长期合伙人，为企业找到最安全的护城河。张磊孜孜不倦又锋芒尽显的企业家精神，也是高瓴价值投资的另一条护城河。

高瓴的七个公式

　　张磊被称为"中国巴菲特"，他的第一次挣钱经历与股神巴菲特很相似，都与书有关，张磊七岁时在火车站摆书摊挣钱；巴菲特七岁时读到《赚一千美元的一千种方法》，对自己未来的职业有了规划。读书是他们人生中不可缺少的爱好，九十岁的巴菲特每天都要读书六小时左右，保持对数字的敏感；张磊再忙也要坚持每天读书，在宁静中去做更深远的思考。不管是巴菲特还是张磊，我们都能从他们的投资理论中，看到哲学的光芒灿若星河。

　　良好的读书习惯，可以锻炼一个人的系统化思维，使他善于将实践经验上升到理论高度，理论又进一步指导实践。张磊就是一位善于将经验理论化的投资人，他将研究驱动、价值与时间的关系等投资层面的问题都做了细分，在实践中总结经验，以理论引导布局，扩大格局，站得更高，看得更远。

　　张磊曾提出过两个重要理论，第一个是在他上学时就总结出来的"三把火"理论，凡是能被火烧掉的都不重要，比如金钱、房子或其他物质财富，无法被烧掉的才重要，那就是知识、能力和一个人的价值观，后者才是张磊心目中永不会熄灭的、真正的"三把火"。中国人常说"真金不怕火炼"，在张磊的"三把火"理论中，精神财富才是真正具有价值的"财富"。

　　如果说"三把火"理论为张磊的创业薪火助力，那么他后来总结出来的"投资三哲学"则凝聚了投资人的智慧与心血，给投资领域增添了新的精神财富。

张磊的投资哲学总结起来，颇有中国古典浪漫主义的色彩，即"守正用奇""弱水三千，但取一瓢""桃李不言，下自成蹊"。"守正用奇"，便是要守住道德与规则的正气，不搞歪门邪道，靠投资机构的综合能力去出奇制胜。"弱水三千，但取一瓢"，则是机会很多，诱惑很多，要有定力做好研究，坚持价值长期主义，为企业选择最适合的投资机会，适合的才是正确的，才能实现价值投资的目的。而出自《史记》的"桃李不言，下自成蹊"，形容投资中的价值长期主义再合适不过了，它强调不醉心于即时满足，不因短期获利而迷失心智；要学会延迟满足，保持低调，不被结果捆绑，心无旁骛地经营过程，享受过程。

"三个哲学"的投资思想，成为后来许多创业者的圣经。张磊在此基础上，提炼思想精华，结合高瓴成立多年来的实际投资经验，总结出了适用于价值投资长期主义的高瓴公式。这七个公式也展现了高瓴在成长历程中的投资心得，对其他的投资者来说具有长远的参考价值，可以帮助他们在投资过程中避开雷区，也能从中打开新的思路，获得不同的投资灵感。

第一个是时间回报公式，即：

$$基于时间的投资回报 = \sum_{i=1}^{n} 回报^{Ti} / 投资$$

T= 时间，投资回报会随着时间的增加而增长。

i= 范式转换，即在不同期限、维度或系统中理解多重复合收益。

一项投资要获得更大的复利回报，一是要有耐心，做时间的朋友，而不是跟时间较劲，非要在短时间内看到利益；在保持耐心的同时，不是把钱投出去就放任自流，而是要帮助企业成长，在等待回报的同时，也赋能企业更完备的职能，达到长足发展的目的。

第二个是选择与努力公式，即：

$$成功 = \{1,0\} \times 10^n$$

$\{1,0\}$ 代表着选择正确与否，1 是正确，0 是错误，n 是努力程度。价值投资的过程中，张磊一直在强调"选择"，选择与时间做朋友，选择与有伟大格局的人同行，选择最适合企业的改革之路。做出正确的选择之后，努力才会有收获。错误的选择将使努力付之东流，而做出了选择却不努力，也将浪费大好的机会。

第三个是选择的定义公式，即：

价值 = 事^

意思是事在人为，人在做事的过程中成长，选择了对的人，做正确的事，人与事之间相辅相成，在成长中相互成就，自然就会创造出更大的价值。

第四个是组织人才观公式，即：

人才密度 + 人才多样性→价值

这条公式十分明确地指出了人才在价值投资中是多么重要。张磊看中的人才，并不是特定的某一领域的高手或者专家，他更看重这个人的智慧、品行、学习能力。和靠谱的人，做有趣的事，具备这三样最基本要素的人才走到一起，有了一定的人才密度及多样性，那么他们之间互相影响，就会产生巨大的能量，创造出不可估量的价值。

第五个是组织文化与价值观公式，即：

共同价值观 =（不同背景 × 能力 × 驱动力）/ 组织文化

这条公式看似复杂，其实解读过后便简单明了：道不同不相为谋，三观不合难成行。只有在共同价值观的感召下，在统一的企业文化引领下，人才聚在一起，才有团队的协作力，否则劲儿不能往一处使，团队就是一盘散沙，创造价值也无从谈起。

第六个是哑铃理论公式，即：

传统经济的转型升级 + 新经济领域的创新渗透→价值

这就是高瓴独有的投资机构为企业赋能的方式，不但盘活了传统实体的新出路，而且在赋能过后，也为投资合作找到了新领域、新方向。

第七个是价值投资创新公式，即：

产业重塑 = 价值重估 / 第一性原理 + 价值重构 / 赋能工具箱

张磊提出世界上只有一条护城河，就是要让企业有持续疯狂地创造新价值的能力，这条公式便是高瓴打造护城河的最重要的方法。

张磊以文科生的思维方式，用理科生的公式法来总结高瓴的成功经验，它所表达的，是创业者坚实的脚步，是投资者肩负的使命。多年来，张磊坚持不懈地储备自己的知识，从书本中学习，从工作与生活中学习，从与人交谈中学习，也从亲自实践中学习。知识储备由量变到质变，强化了张磊在各个方面的综合能力，也塑造了他不畏险阻、坚持长期主义的价值观。

在创业者与投资者的双重身份下，张磊高举"三把火"的火把，理想的火种不熄，追寻光明的脚步便不会停。而凝结了张磊三个投资哲学的高瓴公式，是高瓴辉煌王冠上的宝石，必会跨越时间与空间，光彩永流传。

第七章

调整方向，打造新布局应对疫情

在享受时代红利的同时，机遇与风险并存，社会环境的波动也必然形成海浪般汹涌的时代冲击，为企业的发展带来意想不到的困难。2020 年初，新冠疫情在全球暴发，我国很快制定了一系列强有力的防疫政策，为了保卫国家与人民的生命财产安全，全民抗疫的时代到来了。病毒来势汹汹，我们国民上下一心，众志成城，中国抗疫成果显著，筑起了一道新的"长城"，保护着老百姓的生命安全不受威胁。但抗疫也是有代价的，在这场没有硝烟的战争中，企业的发展势必会受到影响。这就考验企业应对突发事件的应变能力，也是对企业生命力是否长久的检验。高瓴在张磊的带领下，步履坚定，及时调整投资布局，因势而动，应对疫情。

向早期的硬科技项目倾斜

21 世纪的前二十年，是中国经济迅速腾飞、超速发展的领航时期，也是互联网企业与投资机构从青涩到成熟、大展身手的创新时期。企业的崛起与国家的经济战略分不开，这是时代的机遇，是大环境积极向上的托举力量；抓住机遇，依靠智慧拼搏到底，终会有所成就。

独立思考，在变革中发现机会，想做就做，突破自我束缚的壁垒，这是张磊的性格优势，也是高瓴长期以来屹立不倒的制胜法则。困难来了就知难而上，险中求胜，这是投资人该有的格局与胸怀。面对疫情影响，张磊审时度势，为高瓴的投资布局确定了新方向。

在高瓴十几年的奋斗史中，从二级市场起步，布局一级市场，成为一级市场的顶级基金，十五年间发了三次一级市场基金，分别是投资互联网，投资生物医药及新消费、企业服务，投资硬科技以及碳中和。当全球经济进入人工智能、芯片、新能源等硬科技领域角逐的时候，张磊意识到，他早期所看好的硬科技进了黄金期，硬科技的发展将成为中国经济发展的核心力量，放眼世界，谁在硬科技领域领先了，谁将走在前面，握住全球经济的命脉。

"硬科技"一词，最早由中科创星创始合伙人米磊在 2010 年提出。2017 年，全球硬科技创新大会在西安举行，"硬科技"的概念也引起了人们的重视。所谓硬科技，是指在科学发现与技术发明之上，经过长期研究积累形成的较高技术门槛和明确的应用场景，能代表先进技术水平，引领技术革命，对经济社会发展具有重要作用的关键核心技术。工业革命推动人类社会发展，科技的创新衍生出人类新的生存空间。张磊在《价值》一书中也曾提到，"科技不是颠覆的力量，而是一种和谐再造的力量。"现阶段世界的硬科技领域包括光电芯片、人工智能、航空航天技术、生物技术、新能源等。

张磊很早就意识到科技创新会在 21 世纪进入新的起点，它不是简单的技术升级，而是一场硬核技术颠覆性的大变革，无论是引导人们智能生活的大数据，还是广泛应用于各个领域的人工智能，都开启了硬科技横扫千军的新时代。

这是人类发展史的进步，也是经济腾飞的新赛道。从全球硬科技发展的势头来看，中国无疑是硬科技发展的"强硬实力派"，在多个项目上领先欧美，摆脱了在技术上受制于人的屈辱历史。中国智能高铁发达的铁路网稳居世界第一，华为 5G 技术处于世界通信硬科技的最前端，我们的超级计算机数量占全世界的 34.6%，而超级钢技术的突破，使我国成为世界上唯一可以实现超级钢工业化的国家。除了这些外，从世界上第一个量子通信卫星"墨子号"，到中国自主研发的北斗卫星导航系统、探索宇宙奥秘的"中国天眼"，全球最关注的航空航天技术，我国在国际上也处于领先地位。

国内蓬勃发展的硬科技环境，触动了张磊在硬科技领域跃跃欲试的"野心"。创业十几年，张磊过人的智慧为高瓴资本打造了"聪明投资"的成长史，这一次他在硬科技领域的前瞻性，又为高瓴资本找到了疫情期间夹缝中生存的新思路。2021 年，高瓴资本全面出手，半年内投资 80 笔硬科技项目，涉及芯片、自动驾驶产业链、新能源、量子精密测量与量子计算等新型硬科技领域。百亿美元掌门人开拓新格局，亚洲第一投资机构布局新赛道，高瓴资本不出手则已，一出手就是大动作，令低迷的国内经济为之一振，也从另一个角度反映出我国硬科技发展的巨大潜力。

芯片布局是高瓴投资帝国中，又一个价值主义长期投资的宏伟蓝图。中国的芯片技术发展是迅猛又艰难的，在芯片龙头企业与大批硬科技人才的共同努力下，中国的芯片技术很快领先世界，因为高品质与高性价比而受到欢迎，又因为发展太快而被西方国家打压。突破技术壁垒才能挺起胸膛，不受制于人，中国芯片企业早就看清了这一点，他们立下决心，再难也要坚持下去。有坚定的信念与雄厚的实力，张磊对中国芯片的发展信心十足，从芯片产业链最上游的企业，到车载、功率器、通用型 CPU，高瓴均为领投，完成了布局缜密的生态式投资。

布局硬科技领域，高瓴依然坚持长期价值投资，在芯片投资方面保留两大原则：第一是只投"大芯片"，无论是大资金还是超长期，高瓴都愿意完全满足；第二是企业要专注于技术研发，保持芯片技术的业内领先。自己有本事，核心竞争力才能更强。为了企业能进一步提高芯片技术，高瓴愿意付出长期投资的代价，助力芯片技术长足发展。

高瓴在硬科技赛道投资的另一个引人注目的重头戏，是"用量子技术感知世界"的国仪量子。国仪量子是一家专业的科学仪器科技公司，"量子"是当下最流行的科学名词之一，在量子计算的细分市场里，科学仪器使用范围广，市场潜力巨大。国仪量子的优势，在于国仪量子拥有自主创新的核心技术，创始人贺羽毕业于中科院少年班，既是年轻的企业家，也是成功的科学家。硬科技发展的核心竞争力是技术，技术的创新离不开人，张磊喜欢遇强更强，强强联手，选择与强者同行，也是为高瓴投资选择了一份保险。

在疫情期选择布局硬科技，张磊还看到了一个隐形优势——大批优秀留学生在这个特殊时期纷纷选择回国，他们无论是创业还是进入企业工作，都是硬科技发展的中坚力量，势必加快技术创新，加速硬科技的崛起。

如今与人们的生活息息相关的硬科技，已经成为全球经济发展的新浪潮。时代为企业提供生存的土壤，企业也要肩负起时代使命，在疫情期间不忘初心，及时调整，让自己立于不败之地的同时，也为社会的稳定与发展作出贡献，这一点，张磊想到了，高瓴也做到了。

加大先进制造业投资比重

疫情的暴发，打乱了正常的社会生活节奏，影响范围之广，持续时间之长，令人始料未及。如何在没有任何预警的特殊时期渡过难关，成为摆在企业面前亟待解决的难题。外部环境的冲击，也是一个大浪淘沙的过程，有的企业改变策略，有的企业选择放弃。高瓴资本是投资机构，也是创业公司，和其他企业一样，也面临着新的挑战，并且同样没有任何准备。和其他企业又不一样的是，在张磊的带领下，高瓴一直坚持长期价值投资，而长期价值投资的特点之一，便是在受到外部环境的冲击时，有超长期维持稳定的能力。

人类社会的发展，是一场优胜劣汰的进化史，企业亦是如此，不进步就会倒退，即使在艰难时期能靠吃老本而勉强度日，如果不想办法打开新局面，也就坚持不了多久。张磊曾说过，经济市场最大的不变就是变，它是流动的，一直在改变的，所以不管高瓴已经取得了多么辉煌的成就，张磊总是保持着创业者的初心与激情，深入市场调研，与企业家对话，观察政策的变化与市场的动态，并且坚持孜孜不倦地学习。

张磊踏实而坚定的创业者心态，带给高瓴的便是扎实的投资基本功，牢不可破的企业底盘，以及随时可以调整布局、能打能拼的优秀团队。经过一番调研之后，高瓴依然坚持自己所擅长的生态投资，启动多重新赛道，除了向早期的硬科技项目倾斜外，先进制造业依然是高瓴赛道上的重中之重。疫情期间，高瓴加大了对于先进制造业的投资比例。事实证明，在疫情冲击的不利局势下，这是一次非常明智并行之有效的布局调整。

先进制造业一直是高瓴投资布局中的一环，疫情期间制造业也受到了不小的冲击，而高瓴反而加大了对于先进制造业的投资。一方面，先进制造业与传统制造业区别很大，受人工劳动力的限制小了很多；另一方面，从工业革命的发展史可以看出，制造业是工业国家的经济命脉，先进制造业的市场潜力无限。

18世纪，蒸汽机的诞生意味着第一次工业革命的开始，从此人类社会开启了工业化进程，生产力大大提高，工业无产阶级的力量日益强大，先进的生产方式也带来了先进的思想，冲破旧礼教制度的民族解放运动高涨。

工业的发展也促进了企业的诞生与壮大，改变了人们的生活方式以及世界主导权，不同国家因为工业发展水平产生了巨大差异，形成了发达国家和不发达国家，两者之间差距如鸿沟，直接造成人民的生活水平也有很大差距，可见工业的发展对一个国家是多么重要。

一个国家的强大离不开工业，我国是全球唯一拥有全部工业门类的国家。新中国成立后，政府大力发展工业，用了几十年的时间，完成了欧美几百年的工业化历程，成为首屈一指的工业大国。我国的工业可分为采矿业、制造业、电热气水业，其中，制造业被称为我国的"经济发动机"。我国是名副其实的制造业大国，在全球的制造业产业链中有着不可撼动的主导地位，"中国制造"四个字，几乎可以在世界上任何一个角落看到。

中国拥有"世界工厂"的美誉，我们的制造业之所以如此发达，是因为我们人口众多，低廉的劳动力对劳动密集型工业有极强的吸引力。近年来，全球制造业向其他人口众多的国家转移，客观原因是我国劳动力规模减小，人工成本增加，更主要的原因是中国经济结构的调整，以低门槛、低附加值为主的传统制造业不再是主流。为了推动制造业转型升级，国家大力发展先进制造业，扶持先进制造业企业。

与低端的劳动密集型传统制造业不同，先进制造业是典型的人才密集型产业，是工业制造中的科技革命，利用高精尖技术升级产业含金量，并产生不可模仿与复制的产业壁垒。所谓大国重器，制造业是中国工业的顶梁柱，是稳定经济发展的立国之本。通过发达的先进制造业，我们可以走在全球经济的前端，从"世界工厂"变为无法超越的"世界先进工厂"。

2015年，国务院印发《中国制造2025》，为先进制造业制定了未来十年的发展规划，一时引起了资本市场对于先进制造业的投资热潮。张磊在高瓴成立之初，就意识到了先进制造业的巨大市场价值，因此能提前布局，在投资市场的风向标转向先进制造业之前，已经形成高瓴"硬核工业"的全面投资铺陈。2017年，高瓴以8亿元受让了公牛集团2.235%的股权，成为插座生产龙头企业公牛集团的第四大股东，也是进入公牛集团的唯一机构投资者。2019年，高瓴以400亿人民币的再次加注，成为中国先进制造业的头部企业格力集团的大股东。

除了对格力、公牛这样的头部企业重投，高瓴也十分关注中小企业在先进制造业浪潮下的起起伏伏。受规模与资金的限制，中小企业在升级成为先进制造业的过程中，往往力不从心。而一个国家的实体经济，不能只靠头部企业，中小企业遍布制造业的各个领域，解决了就业及业态的多样性。高瓴加大先进制造业的投资比重，同样也助力了中小企业的技术升级，在先进制造业的航标下，帮助中小企业找到合理的定位。

加大先进制造业的重投，高瓴还有一个令世人瞩目的大动作——以碳中和为投资命题，打造一批原创、环保的新能源产品，推动中国先进制造业的变革。张磊曾写过一篇文章，题目是《碳中和将促成能源、制造、科技等众多行业价值链重构》，在张磊的观点里，先进制造业的基本特性便是碳中和，高瓴选择投资企业的前提也是以碳中和为标准来考察。

疫情让更多人静下心来，思考人与自然的关系：我们要怎样做才能守护地球家园，净化我们的生存环境，保证人与自然能够和谐相处？后疫情时代，符合碳中和标准的绿色环保企业具有更持久的生命力，高瓴在做长期价值投资时，也会将目光锁定这样的企业。

张磊说，"创投行业已进入农耕时代。而以中国制造业升级为核心的产业创新，正是一个需要精耕细作的行业。"高瓴在选择投资项目时，具备精耕细作的实力与耐心，它有上百人的团队来帮助企业转型升级，有"先亏后盈"长期投资的信心与勇气，有为中国实体经济发展贡献力量的决心。中国人常说"福祸相依"，疫情让自怨自艾者迷茫，也给予强者蜕变的最佳时机。高瓴在张磊的带领下，冲破疫情的阻隔，突破自我的极限，调整布局应对困难，在蜕变中变得更加强大。

重视契约精神，守正用奇不减薪

　　疫情如洪水猛兽席卷全球，我国紧急出台一系列防疫政策，将保障人民群众的生命财产安全放在第一位。疫情无情人有情，这期间也出现了许多感人肺腑的好人好事，为困境中的人们带来温暖。

　　温暖的氛围可以滋养心灵，可以减少孤独与消极情绪，让人感受到积极向上的力量，从而勇敢地面对困难。但防疫毕竟是需要代价的，为了阻隔病毒的蔓延，企业不得已停工停产，为此损失重大。2020 年 2 月，张磊接到一则消息，高瓴资本投资的某企业负责人，考虑到股东们的利益，也为了保证企业的现金流不受影响，决定取消年终奖，并由管理层带头减薪 30%。

　　对高瓴来说，被投资方此举是为了保护股东的利益，高瓴并没有任何损失，然而张磊思考再三后，觉得在这样的非常时期减薪十分不可取。从感情的角度来讲，员工们辛辛苦苦干了一年，年终奖是对他们兢兢业业工作的肯定，也是企业最温暖人心的举动，能够让大家鼓足干劲，在新的一年以厂为家，共同努力；而如果取消年终奖，又大幅度减薪，势必会打击员工们的工作积极性，也有负于员工对企业的信任与忠诚。

　　抛去感情因素，从理性的角度讲，员工与企业签订用工合同，年终奖与薪资都是提前定好的，如果取消年终奖，属于违约行为，企业将失信于员工。"得道多助，失道寡助"，一个企业如果不诚信，失去了员工的信任，想再挽回人心，可就难上加难了。

对这件事有感而发后，张磊在 2 月底召开了被投资方 CEO 的线上大会，他的观点十分明确：要重视契约精神，艰难时期也不能减薪。张磊提出自己的观点，越是在艰难的时候，越不能人云亦云、跟风减薪。在艰难的时候坚持本心做正确的事不容易，但如果坚持下来，会收获比减薪所达到的短期利益更多的回报。在会上张磊还深情地说道：在苟且当下的同时，还要有未来、有诗和远方。

了解张磊的人都十分清楚，无论是做事还是做人，张磊都非常讲原则，有自己绝不动摇的底线。这底线是他对自己的要求，也是高瓴在选择投资项目时的标准。只有坚持做正确的事，重视契约精神，做有同理心的企业，才能具备强大的市场竞争力。张磊希望与高瓴合作的被投资方，彼此价值观一致，共同坚持长期主义路线。时间是公平的，得失只在一念间，不能为了一时的短视而失去人心，失去更长远的利益。

同时兼顾东西方价值体系的张磊，重视契约精神，坚持守正用奇。如果说一个人的成功有迹可循，也许这就是张磊成功的秘诀吧！

前文曾提到，张磊的投资原则之一便是"守正用奇"。守正用奇一词出自《孙子兵法》的"凡战者，以正合，以奇胜"，意思是恪守正义，出奇制胜。这里的"正"指的是遵循事物的自然规律，以机敏的思路另辟蹊径，取得最终的胜利。用当下通俗的语言解释，就是获胜得凭真本事，有与众不同的想法才行。按张磊的这条原则，疫情期间的减薪便是违背了"守正用奇"的原则，企业想渡过疫情难关，应该坚持做到以下三点。

第一，要保持自我的原则，不随波逐流。无论顺境逆境，张磊都能坚持聆听内心的声音，做自己真正想做的事，而不是盲目跟随别人的选择，失去自我。他坚持自己所秉承的契约精神，对被投资方负责，对员工负责，在疫情期间依然带领高瓴做好细致的前期工作，独立研判，凭借扎实的基础调研与团队的集体智慧，帮助被投资方渡过难关。张磊认为，越是艰难时刻，越要表现出企业的诚意，得到员工与客户的信任，才能保住企业在市场中的竞争力，从而最大限度地避免疫情对企业的冲击。

第二是要将目光放得长远。只看短期利益，无异于丢了西瓜，捡了芝麻；疫情再长也长不过企业的发展，解决企业当下的实际困难，如果必须牺牲一部分利益，那也不能让员工首当其冲。契约精神的重要内容之一是平等精神，企业与员工处于平等的关系，企业不能因为疫情就对员工强行减薪，在这个时候企业应该有所担当，让员工有足够的安全感。企业为员工着想，员工也会信任企业，产生以企业为家的归属感。当一个人是在为"自己家"工作的时候，一定会竭尽全力，为企业创造更大的价值。在21世纪能站稳脚跟的企业，一定是人才密集型企业，留住了人才便有翻盘的机会，才能保证企业的可持续发展。

第三便是张磊一直强调的"做时间的朋友"。企业在艰难时刻要有足够的耐心，不能急于求成。契约精神的体现之一是守信精神，企业与员工，投资方与被投资方，患难时刻也要信守承诺，守望相助，时间这个朋友会帮助契约双方相处得更牢固。同时间做朋友，不是无谓地等待，而是要保持理性思考，及时调整方向，做好应对风险的思想准备，在耐心与勇气的支撑下，在契约精神的信守下，必将守得云开见月明。

张磊以"守正用奇"为原则，在投资方面，也非常重视契约精神。"契约"一词是拉丁语中"交易"的意思，契约精神也是西方文明社会的主流精神，在耶鲁基金实习时的张磊，就深刻感受到了契约精神对于投资机构的意义，无论是投资方还是被投资方，只有遵循自由、平等、守信的理念，才能保持价值观一致，最终实现长期价值投资，达到双赢。

张磊最敬佩的两位投资界教父，他的老师大卫·史文森和股神巴菲特，都极为重视契约精神。大卫·史文森认为一个没有契约精神的人，就是违背了道德感和责任感。而巴菲特则特别强调契约精神中互为平等的同理心，他总是假设自己处于企业管理者的位置，分析企业的现有状况，从而找出管理者在管理上的漏洞，帮助企业完善管理体系，达到长期发展的目的。张磊在疫情期间坚持不减薪，就是因为他能站在员工的角度，将心比心、设身处地感受到员工被减薪后的处境。没有契约精神的企业便没有核心竞争力，无法长期立足，也和高瓴的价值观相悖离。

重视契约精神的人，也是高瓴一直在寻找的可以同行的"强者"，这样的强者必定胸襟开阔，有大格局观。和真正好的企业，真正懂得时间价值的企业家一起做事，是张磊为高瓴制定的投资"避险"诀窍。如何衡量一个企业的长久价值，便是要看它的创立者是否重视契约精神，是否有维持契约精神的执行力。疫情期间，以契约精神去审视企业的价值观，尤为清晰直观。

守正用奇，调整布局，重视契约精神，疫情再艰难也不减薪，这是张磊给被投资方的忠告。作为创业者，张磊在高瓴内部也是这么做的，高瓴团队团结协作的精神、无坚不摧的战斗力一直令外界羡慕，高瓴的力量核心，正是张磊这位才智过人、卓尔不群的精神领袖。

不追风口，坚定长期结构性投资

2020 年 5 月，当人们终于意识到新冠疫情无法速战速决，将是一场持久战的时候，高瓴也迎来了成立十五周年的节点。这是一个难忘又特殊的纪念日，十五年跨越山海，勇攀高峰，高瓴值得拥有最热烈的掌声。这也会是高瓴新的起点，它将面对艰难困顿的疫情，砥砺前行，任重而道远。

翻开高瓴这十五年的履历，和掌门人张磊的经历一样富有传奇色彩。十五年投资八百多家企业，斩获 45 倍收益，资产从 0 到 5000 亿；资金管理从耶鲁捐赠基金投下的第一笔 2000 万美金，到如今掌管 600 亿美金，高瓴资本已成为亚洲最大的私募投资机构。张磊个人也拥有众多头衔，在投资界备受仰慕。

无数人仰望高瓴的显赫战功，这十五年的历程简直就是现实版的炼金童话。这一切要归功于高瓴的创始人张磊，是他带着高瓴一路前行，步履坚定，屡创佳绩。人们好奇张磊是怎么做到的，能够在投资界呼风唤雨。在外人的眼中，投资就是一条万丈悬崖间的钢丝绳，即使小心翼翼地走着，也有可能一不小心就掉入万劫不复的深渊。高瓴的投资之路却是一条康庄大道，不出手则已，出手便成功。张磊的投资秘诀，究竟是什么呢？

5 月 15 日，首届 HICOOL 全球创业者峰会暨创业大赛，经过周密的防疫准备后，终于在北京国际财富中心启动。张磊为大会致辞，并接受了新京报记者的独家采访，阐述了其"不追风口，疫情下创业者要留在牌桌上"的观点。

彼时疫情正凶猛肆虐，创业者人心惶惶。若是选择坚守到底，担心最终竹篮打水一场空，一样要黯然收场；但又不甘心没坚持就选择放弃，哪一个创业者不是怀揣梦想？开弓没有回头箭，对于新京报提出的创业者的迷茫，张磊非常坚定地给出了答案：疫情只是暂时的，创业者要坚定地留在牌桌上，保持经营和现金流的稳定。留下来坚持住，机会依然属于创业者；这个时候站起来走人，就永远失去了成功的机会。

这是张磊给创业者的金玉良言，也是这十五年来张磊创业的心路历程，是高瓴持续发展的经验之谈。十五年风雨兼程，选择做时间的朋友，张磊进行了无数次投资，涉及多项目多领域，唯独一种投资不在他的考虑范围之内——高瓴从不做靠博弈上位的风口投资，它不符合张磊长期投资的价值观。

关于风口，曾有一个热梗，"站在风口上，一头猪都能飞起来"，这是小米的创始人雷军说过的话，可见风口的力量有多么迅猛。抓住风口，顺势而为，机遇与能力将为成功插上有力的翅膀。一些创业者和投资人开始跟时间赛跑，看谁能先抢到风口。

风口无疑是一个立竿见影、马上就能看到利益的好机会，但这个好机会能持续多久，如何抓住风口，抓住风口后所产生的价值利益有多长久，是值得商榷的。追逐风口是一场耗费精力、代价高昂的赌博，等待风口的过程充满不确定性。风口何时会来？风口到来后是否能抓住机遇？抓住机遇后是否有能力"飞"起来？一次又一次的考验，结果都是未知数。事实证明，大多数的风口都是昙花一现，来去迅速，即使当时抓住了风口，自身能力不强，也无法维持长期的发展。与其把时间当成假想敌，把成功寄托在虚幻的"风"之上，不如与时间做朋友，锻炼自身实力，寻找可实现长期主义价值的机遇。

高瓴的成功，正是因为它看到了时间本身的价值，不追风口，与时间做朋友，考察企业的价值创新能力，坚持长期结构性投资，最终规避周期性投资冒进的风险，以机遇为契机稳扎稳打，从时间这里获得了最好的回报。有人曾为高瓴的投资史做了一个思维导图，从中可以清晰地看出，高瓴的成功在于它一直在反博弈，反零和游戏，真正在做投资而不是投机，坚持把蛋糕做大做强。

张磊是坚定的长期结构性投资的支持者与实践者，他认为周期短的风口投资弊大于利，无法实现长期价值主义。一个好的投资机构，要有耐心找到发现价值、创造价值的优秀企业，有能力部署长期投资战略，成为被投资方可借力攀飞的超长期"风口"，这样才值得企业信赖，在资本市场立于不败之地。

长期结构性投资，又被称为"有耐心的投资"，通俗的解释便是耗费长时间去创造价值。张磊认为，长期结构性价值投资的核心其实还是格局观，是发现动态价值的能力和把控投资战略的决心。在做长期投资前，要先建立投资的思维框架，有完整、严谨的理论体系，这个理论体系中要包含最重要的三个方面：市场现状、企业内在价值以及投资的安全边际。外部投资环境不断变化，投资的思维框架也在不断变化，大方向上把握住理论体系的三个方面，细节上也精准捕捉即时变化，把耐心交给时间，做好长期投资的准备，思维框架搭得越牢固，投资创造出的价值就会越大。

思维框架的建立，离不开投资对象，高瓴在选择长期结构性投资企业时，有两个标准。首先是企业的核心竞争力要强，成长空间要大，这是匹配投资的长期性，不断创造新价值的必要条件之一。打铁还需自身硬，否则，外部投资力量再强，如果企业本身能力不足，也是很难具备市场竞争力的。企业一定要有内外兼修的能力，才能在长期结构性投资中走到最后，收获最多。

其次要选择龙头企业，所有行业里的龙头企业都是细分市场的扛把子，经历逐层厮杀后坐上头把交椅，实力可见一斑。同龙头企业合作有许多优势，比如企业已经经过筛选，市场定位稳定，企业有行业号召力，优质人才资源丰富，有成熟的管理体系，有助于减少投资风险。

在所有的投资体系中，以价值投资为目的的长期结构性投资最为复杂，它的产能也最为可观。

正因为不追风口，坚定长期结构性投资，高瓴和它的被投资方才能避开疫情的冲击，当经济市场失去风口的时候，它们能够继续创造价值，收获价值，以实际行动证明了投资和投机一字之差，却有天壤之别。

应对危机是一场检验投资能力的考核，高瓴再次向世人证明，它的成功靠的不是运气，而是实力。张磊欣慰于高瓴带给投资界正面、积极的力量，也将继续不遗余力地坚持长期结构性投资，手举高瓴之旗，任它迎风飘扬，岿然不倒。

保持三天一投，攻破不利传言

人类社会的发展史，其实是一部人类与自然界抗衡的奋斗史，疫情是这场奋斗史中惊心动魄的一页。回顾人类历史上的四次疫情大爆发：14 世纪的欧洲黑死病，几乎让印第安人灭绝的天花，即使现在也在威胁人类生命、每年死亡人数超过十万的霍乱以及 20 世纪初的西班牙大流感，都曾将人类命运的生死存亡推到了悬崖边上。人类靠强大的意志力一次又一次与疫情决斗，繁衍至今，实属不易。

疫情不但危及人类生命，造成人口减少，还会吞噬现代文明的发展成果，造成经济动荡，影响人类稳定的生活。2020 年初新冠疫情暴发，迅速成为席卷全球的生命杀手，不到三年的时间感染了全球 6 亿人次，其中 600 万人被夺去了生命。如此始料未及的灾难，击垮了人们正常生活的秩序，世界经济在 2020 年严重倒退，陷入萧条与动荡不安中。

经济环境恶劣，供需两端均严重受阻，企业受到沉重打击，有的甚至遭遇灭顶之灾。为求自保，许多企业不得不采取一系列丢卒保车的消极措施，有的靠裁员降低成本，有的靠缩小规模勉强维持，高瓴作为投资机构的领军者，备受瞩目，又深受谣言困扰。

先是 2020 年 4 月份，有人反应高瓴旗下四家药店涉嫌"造假、哄抬物价"，事情还没查清楚，高瓴就受到指责，并愈演愈烈。此时高瓴已在两年内并购一万多家药店，外界批评其速度太快，管理跟不上。接着又有传言称高瓴正在进行"无差别裁员"，甚至荒谬到言之凿凿地说高瓴在清仓中国，退出国内市场。

俗话说"谣言止于智者"，在低迷的经济环境与谣言的双重夹击下，张磊依然保持内心的平静，正如他的投资理念"做时间的朋友"，生活中的张磊也与时间为友，把一切交给时间，自有公论。疫情期间因为工作量减少，平日里日程排得满满的张磊，有了些许业余时间，终于可以读喜欢的书，多陪伴家人，并没有受到外界质疑的干扰。

不受干扰不等于他只顾享受安逸的生活而不去思考。相反，习惯了常年保持敏锐的洞察力，张磊的大脑从没有停止过思考，他要带领高瓴肩负起企业使命，为抗疫尽一份力量；他也要带领高瓴开创投资新赛道，应对疫情困局，同时助力被投资方摆脱疫情阴影，重振雄风。

2020年2月，高瓴设1000万专项资金，驰援武汉疫情；2021年7月，高瓴捐赠5000万元物资及资金，支援救灾。这期间在国家常态化防疫中，高瓴所投企业也多次第一时间驰援抗疫前线，并接受高瓴的倡议，保证疫情期间医疗物资不涨价，维护价格稳定。

面对外界的不利传言，高瓴在默默支持抗疫工作的同时，也在及时调整投资方向，展开新布局。在疫情开始的上半年，就有消息传出，高瓴再次募集130亿美金，目标是疫情期间出现的新机会。此后，高瓴开始在多个领域投资新赛道，到了2022年上半年，三天一出手，一个月内共投资了11个新项目。高瓴用实际行动向外界证明，虽然在疫情的影响下，创投行业大多放慢了投资的脚步，高瓴却以一贯的激情投资新赛道，保持"高瓴速度"，用实际行动让谣言不攻自破。

在高瓴布局的投资新赛道中，50%以上为先进制造业，其他则由硬科技、医疗健康、企业服务等组成。先进制造业是高瓴一直看好的领域，在疫情期间加大投资比重，助力传统制造业与新能源、人工智能等领域相结合，并在全球碳中和的趋势下，加快传统制造业向先进制造业转型升级，走绿色可持续发展之路。从高瓴在先进制造业方面投入的精力可以看出，高瓴依然看好实体经济，已做好长期投入的准备，和中国实体企业并肩战斗。高瓴对于先进制造业的青睐，也从侧面反映出张磊所坚持的"重仓中国"的投资方向从来没有变过，退出国内市场完全是不实传言。

高瓴一直看好硬科技的发展，投资向硬科技方面靠拢。2022年7月，高瓴完成对Timeplus的领投。"Timeplus"是一个以流式数据为核心的实时数据分析平台，公司成立于2021年，是一个种子期项目。高瓴看好这个早期项目，是看到了疫情期间大数据的重要作用，传统的基础设施无法满足快速增长的数据分析需求，流数据平台将成为主力军，为企业提供必要的数据分析服务。

疫情期间，医疗健康成了人们最关心的问题之一，张磊也从中看到了医疗领域的投资潜力。他认为医疗健康将是下一个市场热点，随着人们对健康的认知度提升，全球老龄化加剧，这个热点将会持续很长时间。高瓴在医疗健康方面的投资包括生物科技、医疗器械、医药公司等。张磊十分明确地指出，高瓴正在重仓大健康、大医疗，帮助医疗健康产业实现转型升级。早在2015年，高瓴资本就和Mayo Clinic合作，成立了惠每医疗，也联手其他企业举办过医疗峰会。疫情期间，医疗健康成为社会焦点，也成为创投界新的热点，早有准备的高瓴，趁势在医疗健康方面完成投资布局，成为高瓴资本的又一长期赛道。

如果说前面三个投资布局都属于时下的创投热点，高瓴在企业服务领域的投资，彰显的则是张磊与众不同的思维。中国企业服务市场的形成不过短短二十几年，在疫情期间进入发展的成熟期，2021年进入投资人视野，高瓴在这一年对企业服务行业出手53次，投资的企业包括云平台、图形设计和软件领域的知衣科技、水母智能等。除了这些以外，传统的企业服务项目人才招聘、营销、疫情期不可或缺的线上会议系统，也进入了高瓴的投资榜单。

在2022年11月出炉的高瓴资本十大重仓股中，格力电器以285亿元占据第一位，海正药业以9亿元处于第十位，其他包括碳中和背景下的先进制造业以及硬科技、医药及水泥等，体现了高瓴投资的多样性。这也意味着高瓴仍以国内市场为投资主要市场，在多个领域建立长期结构性投资，并不存在清仓中国一说。

　　击败不利传闻的最好方式，就是用实际行动戳破谣言的肥皂泡，让人们用自己的眼睛看到真相。恼人的疫情给人们的生活与工作带来诸多不便，也让企业陷入困境，高瓴并不是生活在真空里，它所处的环境和其他企业都一样，能在疫情期迅速调整方向，打造新布局，依靠的是张磊的远见卓识。

　　虚怀若谷心自静，张磊用他的宁静致远，在纷扰中为高瓴辟出一方净土，这也是高瓴十几年来迅速崛起、屹立不倒的避风港。天降灾祸不可怕，事在人为，必将清者自清，海阔天空。

后疫情时代，价值初心不变

始于 2019 年底的新冠疫情，对全球经济造成了巨大影响，资本产业链遭受严重破坏，各行各业都按下了休止符，全力以赴抗击疫情。据国家统计局统计，2020 年 1 月至 3 月，社会消费品零售总额为 78580 亿元，同比名义下降 19.0%。市场是严峻的，但跌落谷底的市场也意味着有新的机会诞生。疫情总会过去，睿智的企业家们已经开始思考，如何应对疫情下的市场变化，在后疫情时代到来的时候重新崛起。

2020 年 4 月 10 日，张磊出席了黑石集团董事长苏世民的新书《苏世民：我的经验与教训》线上发布会。谈到疫情下的全球经济困局，张磊表达了他继续重仓中国的决心，他说："最好的投资机会就在中国，就在当下，现在就是重仓中国最好的机会。"

重仓中国，是张磊从创业起就立下的誓言，是高瓴不曾改变过的投资战略，也是张磊的价值初心之一。秉承价值初心，张磊带领着高瓴创造了神话，也克服了种种困难。也因为这份价值初心，高瓴才能在疫情中保持企业的稳定，创投的稳定，没有遭遇更大的波动。

张磊一直认为，未来世界经济的主导将会是中国，重仓中国就是助力中国经济的腾飞，同时借腾飞之力发展创投行业，这是时代的红利。从最初重仓腾讯等互联网企业，到现在重仓先进制造业、医疗健康，高瓴与中国经济向世界经济强国迈进的步伐一致。重仓中国是高瓴的投资目标，也是张磊的情感依托，他的价值初心不变，重仓中国的目标就不会改变。

张磊曾经公开表示，后疫情时代，高瓴最大的投资仍在中国医疗行业，他对中国医疗行业的发展充满信心。2021 年，百济神州药业再次成为高瓴的第一大重仓股，除了继续重仓百济神州药业，高瓴在各个医疗健康领域都做了长期结构性投资布局，深度参与医疗行业的产业链发展，同时诞生了高瓴 HCare 品牌。HCare 是健康产业的第一个 IP，高瓴HCare 全球健康产业峰会，也成为了企业机构与企业家交流的平台。2020 年 8 月 8 日，峰会论坛正式启幕。

在打造中国医疗行业品牌的同时，高瓴还加速发展全球医疗产业链，投资了一百多家企业，其中，中国企业占六成以上，总投资额超过一千亿人民币，并且还在不断增加。高瓴重仓医疗行业，极大地推动了中国医疗事业的发展。中国作为人口大国，医疗需求旺盛，但医疗资源的缺口却很大，供需矛盾显著。随着时代的发展，大量资金被投入到医疗健康的管理中，人类对抗病毒的医疗技术能力随之而增强。后疫情时代，发展医疗产业，为随时应对突发医疗事件做准备，有高瓴这样的投资机构强势助力，中国医疗行业必将取得长足的进步。

除了扩大医疗布局之外，后疫情时代，张磊也不会放弃他一直看好的零售业。疫情期间，线下实体店经营惨淡，线上零售业的销售额却有所增加，2020 年 1 月至 3 月，全国网上零售额达到 22169 亿元，其中，实物商品网上零售额达到 18536 亿元，累计增长 5.9%，占社会消费品零售总额的比重为 23.6%，吃类和用类商品分别增长 32.7% 和 10.0%[1]。由此可见，依靠互联网的便利，线上销售突破了疫情阻隔，为人们的生活提供了极大便利。这种便利会一直延续到后疫情时代，

---

[1]《2020 年 1-3 月中国零售行业市场分析：社会消费品零售总额将近 8 万亿元》，前瞻数据库。

线上线下融合，共同提供生活服务将成为常态。

寻找线上零售业的龙头企业，张磊将目标锁定在唯品会。唯品会成立于 2008 年 8 月，以互联网在线销售的方式主营品牌折扣商品，其中包括大牌名品的服饰鞋包等。2021 年，唯品会整体业绩实现稳健增长，全年活跃用户数较 2020 年同比增长 12%，达 9390 万；在消费下行的经济背景下，唯品会 2021 年营收实现 1171 亿元，与 2020 年的 1019 亿元相比增长 14.9%[1]。

从数据可以看出，唯品会具备可持续发展的条件，拥有价值创新的能力。2022 年 5 月，高瓴 HHLR（高瓴旗下的基金管理公司 HHLR Advisors）公布了最新的美股持仓数据，大幅增持唯品会，而唯品会也跻身高瓴 HHLR 前十大重仓股。

值得一提的是，唯品会的经营战略"专注特卖长跑，与时间做朋友"，同高瓴的价值长期主义不谋而合。

价值初心的长期主义不变，高瓴的投资原则就不会改变，这也是张磊的理想。从高瓴的成功角度而言，他已经实现了长期主义的人生理想，从一个永远在路上的创业者角度而言，长期主义没有尽头，张磊创造出的投资奇迹也会不断增加，未来有无限可能。

2020 年 2 月，高瓴创投诞生，它是高瓴集团旗下专注于早期创新型公司投资的创业投资基金品牌，在生物医药及医疗器械、软件服务和原发科技创新、消费互联网及科技、新兴消费品牌及服务这四大领域做风险投资。

企业服务领域一直是张磊看好的方向，建立高瓴创投的初衷就是为企业提供优质服务。在与企业的合作中，张磊一直秉持投资机构的

---

[1]《唯品会发布 2021 年度财报：全年收入 1171 亿元，总订单量同比增长 14%》，北京商报。《唯品会：专注特卖长跑，与时间做朋友》，东哥解读电商。

服务精神，助力企业发展。只有始终全力以赴为企业服务，才会赢得被投资方的信任，最终实现价值投资应得或超出预期的回报。

高瓴创投可以共享高瓴资本丰富的资源，为企业提供技术、管理等各方面更为细致的服务；也利用自身经验与实力为初创者指点迷津，根据初创企业的特点，制定出有针对性的赋能解决方案。

成立一年后，高瓴创投就交出了可圈可点的成绩单。2020年本是国内创投市场的寒冬，累计融资金额较2019年减少16%；融资事件数量与金额都是近6年最低点[1]。创投环境不景气，高瓴创投却逆流而上，一年内投资超过200个项目，成为VC投资领域势头迅猛的主力军，完成超100亿元的独立募资，再次展现了惊人的"高瓴力量"。

以价值初心经营高瓴十几年，张磊会一直坚持他的投资理想，做企业的超长期合伙人。寒冬再漫长，终有春暖花开之时，高瓴一路向阳的决心不会改变。张磊眼中的后疫情时代，除了提高医疗健康的管理能力之外，人们所受到的心灵创伤，也需要时间慢慢平复。他想要做的，便是重仓大健康，发展中国医疗事业，做一个有良知、有担当的企业家，保持高瓴的价值初心，让高瓴成为春暖花开之时，最有温度的投资机构。

---

[1]《高瓴创投完成百亿独立募资 超八成项目投向科技医疗领域》，中新经纬。

第八章

回馈社会，投资教育创造人才价值

　　人们很少看到张磊在公众场合谈及自己的日常生活，更不会以今日之辉煌为谈资，高谈阔论从前的奋斗史，仿佛一出生就自带成功体质。一个人的成功离不开个人的奋斗，但张磊始终谦虚而清醒，很少谈论自己的艰辛与努力，他最常与人分享的是幼年时与书结缘的经历以及求学的过程中学校与老师对他的帮助和影响。

回馈母校的赤子之心

随着高瓴的崛起，张磊的事业达到了顶峰，站在投资行业金字塔尖上的张磊光芒四射，以儒雅的气质与超群的实力征服了人们的心。回首过去的光阴，这位幼时贪玩淘气的驻马店少年，成长之路可谓"春风得意马蹄疾，一日看尽长安花"。

李嘉诚先生有句名言，"知识改变命运"，他本人的经历就是以知识为武器与命运博弈，最终成为香港首富的传奇。如今这句话仍在激励着一代又一代的年轻人奋发图强，不虚度光阴。

人的一生，从幼儿到青年是学习的黄金期，这一阶段的青少年反应灵敏，精力充沛，记忆力超强，像生命力旺盛的幼苗，在知识的阳光雨露浇灌下茁壮成长。为了推行教育均衡发展，让所有青少年都有上学的机会，我国实行九年制义务教育，这些年来，随着国力的增强，高等教育也进入普及发展阶段，国民受教育程度越高，对国家的发展、社会的稳定越有利。

张磊时常回忆自己的学生时代，怀念曾经朝夕相处的良师益友，他至今还记得老师的谆谆教诲，知识改变了他的命运，他从未忘记在他的成长道路上无私奉献的老师们。

初中时班主任游仙菊老师发现他是个学习的好苗子，鼓励他把精力集中起来用在学习上。高中时他进入了知名的驻马店高中，当上了班长，班主任孟发志老师告诉他要学会换位思考，设身处地去理解他人。高考时他以优异的成绩考入我国的知名高等学府——闪耀着人文之光的中国人民大学，从博学踏实的师长身上，张磊学到了严谨端正、实事求是的治学态度。后来在耶鲁留学，东西方的知识体系虽然不同，但张磊对于知识孜孜不倦的渴求是不变的。回顾从前，张磊的求学之路正是新中国一代又一代青年的必经之路，也是每一个青年付出心血与汗水的奋斗史。

随着改革开放的经济多元化，也有一些不和谐的声音出现，比如"教育无用论"，"读书不如早挣钱"，这在张磊看来是荒谬的。知识储备能反映一个人的学习能力，学习能力强的人，也会在工作中更加得心应手。他们能很快适应新的环境，对新工作的领悟力更强，因为有丰富的知识储备，所以也具备一定的创新能力。张磊后来在投资界成就辉煌，便是因为他拥有扎实的专业知识，能够在不停变化的市场中，以不变应万变。

知识储备也能反映一个人的心胸与眼界。浩瀚的知识海洋可以让我们认清自己的渺小，懂得山外有山，人外有人；知识的积累又可以让我们充满力量，放弃逆来顺受的软弱，不骄傲自大，也不妄自菲薄。张磊常常在投资时强调一句话：不要只顾着眼前的利益，我们还有诗和远方。高瓴的名字由"高屋建瓴"而来，也反映了张磊开阔的眼界，有理想、有抱负的博大胸怀。

知识也决定了一个人的社交圈，物以类聚，人以群分，有同等成就的人之间，才更有共同语言。张磊坚持"和靠谱的人一起做有趣的事"，他也反复强调，在投资的道路上，选择同行的伙伴更重要。放眼当下中国，成功的企业家往往都是"学霸"出身，他们因教育而成为各行各业的佼佼者，如今用他们的能力反哺国家，把企业做大做强，推动中国经济持续不停地发展。

张磊对于社会的反哺，不仅是带领高瓴助力创业者，有耐心陪伴企业长期发展，而且还以高额的捐款回馈母校，为教育事业贡献力量。

2010 年，一则捐赠消息登上了国内外的网络媒体，高瓴创始人张磊向母校耶鲁大学捐赠 888 万美金，立刻引起不小的轰动。耶鲁大学成立至今，优秀的校友向学校捐款并不稀奇，只是这一次是中国人，并且这位中国人创业才刚刚五年。为何张磊要将第一笔巨额捐赠送给耶鲁？了解高瓴的创业史后便会明白，这正是张磊品格中最可贵的地方——知恩图报。当初张磊之所以能成立高瓴，便是因为在耶鲁留学时深入了解了金融市场，在耶鲁捐赠基金实习时接触到了先进的投资理念，而最重要的是，正是耶鲁基金为高瓴投下了第一笔创业资金，使高瓴从此踏上坦途，不断创造奇迹。中国人讲究礼尚往来，张磊的捐款是他对耶鲁的答谢，也是为了完成他个人多年的心愿。

当时也有人质疑，张磊在国内受教育多年，事业成功后的第一个捐赠对象为什么是耶鲁大学，而不是他在国内就读过的母校，张磊并没有回应这些质疑声。七年后，高瓴的第二笔重金捐赠再次引起了大众的注意，这一次，他用实际行动告诉那些误会他的人，"一片丹心照汗青"之时，不需要过多的解释。

2017 年 6 月 23 日，高瓴资本创始人张磊向母校中国人民大学捐赠 3 亿元人民币，在人大设立"高瓴高礼教育基金"，支持人大的教育事业发展。张磊对金融的兴趣始于人大；四年光阴，人大塑造了张磊实事求是的品格，成熟的人生观和价值观。人大永远是张磊心中的一块绿洲，每每想起，愈加笃定。

如果说人大与耶鲁教会了一个年轻人如何面对世界，驻马店高中则带着故乡的温暖，让张磊想起少年时期备受呵护的日子。2021 年 6 月，张磊携同高瓴公益基金会回到家乡，在驻马店高中设立了"教育发展专项基金"，受到了家乡人民的热烈欢迎。河南是高考大省，此前高瓴集团已在驻马店高中连续 12 年设立了"高瓴·107 奖助学金"，张磊衷心地祝福母校驻马店高中继往开来，为国家输送更多的高质量人才。

回馈母校，是张磊的铭感不忘，也是他对教育的重视，对"知识改变命运"的认同。芸芸众生皆凡人，每个人的自身条件与成长环境或有不同，但通往成功之路的法则是相同的，只有不懈奋斗，才能超越自我，发挥最大潜能，人生百年，不枉一世。

已站在金字塔顶端的张磊，"浩荡八溟阔，志泰心超然"，到了知天命的年纪，几十年跌宕风雨路，他比普通人经历得更多，对人生理解得也更深、更通透。功名如浮云，得失且随缘，唯有回馈母校的赤子之心依然在张磊的胸中澎湃。尽自己所能为教育事业添砖加瓦，是张磊对过去的感恩，也是对未来最深情的期许。

西子湖畔风云际会

2017 年，张磊向母校人大捐赠 3 亿元人民币设立教育基金，引起一片热议。其中有一位与张磊关系甚密的科学家，当时正在国内筹备一所顶尖的民办大学——西湖大学。他找到张磊，半开玩笑半认真地说："你给其他学校捐再多钱，也不过是校友。而你给西湖大学捐款，你就是创始人！"只要能筹集资金顺利建校，这位热衷于教育事业的科学家不贪功，甚至愿意将张磊列为建校创始人，而以他对张磊的了解，张磊一直心系教育，一定会同意出这笔钱的。

然而这位密友却没有想到，张磊沉思许久，竟没有立刻答应他的请求，反而说了一句意味深长的话："高校捐款，并非想象中那么简单。"

张磊这位密友的名字，也是如雷贯耳，他是一位在生物科学领域颇有建树的科学家，也是一位全情投入到教育事业中的教育学家，他就是中国科学院院士，2018 年时任清华大学副校长的施一公。

施一公生于 1967 年，也是河南人，与张磊的渊源颇深，两人是老乡，又是驻马店高中的校友，学生时代的张磊以施一公为榜样，在高中时发奋图强，最终以优异的成绩考入人大。而施一公后来取得如此大的成就，不仅是河南人的骄傲，也是我们国家不可多得的杰出科学家。

相识于少年时代，两位年轻人后来走上了不同的道路。张磊是高考的文科状元，如今是金融投资领域的教父级人物。施一公高考时被保送到清华大学生物科学与技术系，一直从事生物科学的研究。1995

年到 2008 年，施一公在美国取得了一系列的成就，先是获得生物物理博士学位，后来又任普林斯顿大学的助教、副教授、终身教授，并于 2013 年获得美国国家科学院外籍院士的称号。施一公在 2008 年离开美国，回到清华担任生命科学学院的院长；2015 年，出任清华大学副校长。

从施一公的履历中可以清晰地看到，这位拥有院士头衔的科学家，在生物科学方面造诣颇深，深知科技兴国的重要性，未来世界各国的发展，就是一场人才的大比拼。出任清华大学副校长后，施一公深耕教育领域，他从清华毕业，回归清华育人，再加上曾经在国外的求学与研究经历，施一公对东西方教育体系的理解更为深刻，这一点同张磊颇为相似，所以两人也很有共同语言。

2015 年，施一公联合多位大学教授，发起了筹建西湖大学的准备。在施一公看来，我国民办高等教育发展几十年，其中优秀的院校凤毛麟角，为国家输送高端人才的作用并不强，而我国世界一流的大学多数为综合性大学，纯科研型的院校并不多见。施一公的雄心壮志，是在中国打造出一所斯坦福式的民办大学，他的理念也受到了学术界德高望重的前辈们支持，杨振宁、钱颖一、潘建伟等一批世界知名科学家先后加盟，成为西湖大学的"超级天团"。

在施一公看来，西湖大学不缺技术与理念的支持，缺的是资金，而这方面正是师弟张磊的强项。他本是满怀信心地要求张磊加盟，张磊的犹豫给施一公浇了一盆凉水。

其实张磊何尝不知道师兄所做的事情非常有意义，从一个投资人的角度来看，西湖大学的未来不可限量，具有超长期的价值意义。然而建校与捐款是两回事，数额庞大的捐款不是把钱捐出去就不管了，而是要建立长期有效的管理机制，科学合理的监督机制；尤其是捐款给一所科研型大学，这就像高瓴资本投资制药厂一样，项目研发是长期性的工作，要保证科研的可持续性，就必须保持资金的延续性，否则一旦科研经费短缺，前面的心血就付之东流了。

隔行如隔山，张磊没办法在短时间内将利害关系和师兄讲清楚，看到施一公失望的眼神，张磊知道师兄不是在意自己的个人得失，否则好好当着清华的副校长就是，不必非要啃民办高校这个硬骨头。师兄的理想在于培养科研型专业人才，这也是民生大计，是在为未来国家的发展积蓄力量。他知道前方困难重重，还是义无反顾地向施一公郑重承诺：这方面我有经验，交给我，你就放心吧！

究竟以何种方式捐赠西湖大学，张磊是认真揣摩、苦思冥想的。与高瓴的投资项目不同，西湖大学的成立，凝聚着中国科学家与教育学家为祖国培养人才的一腔热血，只许成功，不许失败。

经过一番深思熟虑，张磊决定回归事物的本质，既然西湖大学是以社会性办学的形式培养人才，那么就要集中社会精英人士的力量，"众人拾柴火焰高"，西湖大学有了一定的知名度，先进的办学理念被外界认可，自然会有更多的力量投入到办学中。张磊于是决定用基金的形式来捐赠这所大学，他认为基金会办学可以保证后续资金的供给，最大限度地规避科研经费短缺的风险。在张磊的倡导下，一批中国知名企业家参与到西湖大学的创立中，这将是一所汇集了中国科学界与企业界数位领军人物的民办大学。西湖大学还未正式创办，已经不同凡响。

2018 年 2 月，教育部正式批准设立西湖大学，施一公辞去清华副校长一职，成为西湖大学首任校长。西子湖畔风云际会，在各方人士的共同努力下，在打造顶尖科研院校的理想感召下，这所实力强劲的民办大学，终于出现在了人们的视野中，张磊作为西湖大学的创始人之一，甚感欣慰。

西湖大学位于人杰地灵的杭州，分为云栖校区与云谷校区，成立之后与国内多所 985 院校及国外知名大学签署合作协议，学校设 3 个二级学院，5 个本科专业，拥有百余位来自世界各地的优秀人才。校长施一公的理想是"西湖大学未来 10 年比肩并超越清华"。张磊坚定地站在师兄的身边，以实际行动支持西湖大学，支持中国的高校群体中，再多一所顶尖的科研型大学。

诺不轻许，故我不负人。张磊对于西湖大学的支持，不仅仅是提供建校资金，他还积极参与到学校的筹建中，出钱出力。一方面出于张磊对教育事业的一贯支持，以及同施一公的交情，协助师兄创办学校也在情理之中。另一方面，张磊作为一名专业的投资人，深知只投资而不管后续发展是不负责任的，是对西湖大学的不负责任，也是没有花好手中的钱，轻易捐赠将浪费人力、物力与财力。为了使捐赠达到长远目的，张磊投入了大量的心血，只为西湖大学有一个美好的未来。百年育人，造福社会，作为创始人之一，张磊的名字将和其他为教育事业前赴后继的同仁一起，载入西湖大学的史册。

公益平台未来论坛

张磊在许多场合都曾提到，人才是最有价值的投资，对教育的投资永远不需要退出。张磊对于人才的重视，对于教育重要性的清醒认识，让他不像一个高处不胜寒的投资行家，更像一位春风化雨的教育者。张磊一直在用自己的实际行动强调教育的重要性，他是"知识改变命运"的亲历者，也在"让世界更美好"的创业中，再次深刻感受到了教育的重要性。

无论是求学还是创业，张磊与教育的缘分贯穿他的一生。2005 年高瓴创业之初，第一笔私募资金来自教育领域的耶鲁捐赠基金；到了 2021 年，美国十所常春藤大学中，至少有六所学校的捐赠基金由高瓴管理。张磊以他先进的投资理念，科学的投资管理方式，帮助大学的捐赠基金实现价值最大化。这部分价值收益既可以回馈社会，也可以用于聘请顶级的教授，从而提升学校的硬软件实力，以培养更多优秀人才。

目睹国外名校借大学基金管理的优势，打造人才培养计划，张磊更加坚定了助力中国教育的决心。他不仅回馈母校建立捐赠基金，还以基金会募资的方式创立西湖大学，而且成立了属于高瓴自己的公益平台，以公益的形式帮助教育中的弱势群体。

2018 年 9 月 4 日，北京市高瓴公益基金会正式成立，是民政局登记认证的慈善机构，成立的主旨是帮助贫困家庭的学生上学、就医，改善他们困难的家庭生活，帮助非营利性机构改善设施，助力于科技创新、国际交流等公益项目，而资助贫困生上学，被排在高瓴公益基金会的任务首位。

早在高瓴公益基金会成立之前，张磊就坚定了高瓴多维度投资教育的决心，重仓教育板块，设置教育基金，为国内高校牵线，对接国外名校资源等。2017年，张磊在母校人大捐赠3亿元人民币，设立了"中国人民大学高瓴高礼教育发展基金"，推动人大向世界一流名校的行列迈进。

2010年张磊向耶鲁大学捐赠了888万美金，引起轰动，但他在国内设立的另一项基金，一直坚持到现在，整整十二年，并将一直坚持下去，却没有人注意到，这就是张磊为故乡母校驻马店高中捐赠设立的"高瓴·107奖助学金"。作为驻马店中学最重量级的校友之一，张磊非常清楚高中教育的重要性，当年他如果不是在高中阶段心无旁骛，专心学习，也不会有机会考入北京的名校，从而打开了格局与思路，有了更多实现梦想的机会。截至2022年，"高瓴·107奖助学金"已经帮助过200多位优秀毕业生奔赴名校，也激励着一批又一批的高中学生，更加努力地为实现理想而拼搏。

成立高瓴公益基金会之后，2019年8月，经过长时间精心周密的筹备，基金会的第一个公益项目——高瓴奖助学金项目诞生，驻马店高中69名品学兼优的家庭贫困生，成为第一批受益群体，在基金会的资助下，顺利进入大学，开始新的求学生涯。2020年9月，基金会资助了"悠扬葫芦丝"艺术康复项目。这个项目是北京市朝阳区金羽翼残障儿童艺术康复服务中心开展的艺术服务，帮助残障儿童有能力接受教育，享受更好的生活，这是高瓴公益基金会的初心，也是他们永远不会改变的宗旨。

2021年9月，高瓴公益基金会与中国发展研究基金会联合开展"中等职业教育赢未来"项目，这个项目的主要方向是帮助欠发达地区建设与发展中等职业教育学校，提高欠发达地区的教育水平，增加人才储备，从而改变落后现状，跟上时代前进的步伐。

高瓴基金会成立四年来，一步一个脚印扎实地做公益，对有困难的人群进行最实际的帮助，一个小小的善举，也许会改变一个人一生的命运。如果将需要帮助的人比作在沙滩上搁浅的小鱼，那么高瓴基金会就是那双温暖的双手，捧起小鱼放回大海，让它自由自在地开始属于自己的人生。

2021 年底，高瓴公益基金会被北京市民政局评为"4A 级社会组织"，受到社会的肯定。

公益不是投资，却一样能够收获巨大的社会价值，这正是张磊所追求的。有些回报看似无形却充满力量，会帮到更多需要的人，这是公益的价值，也是张磊坚持的价值长期主义的另一种诠释。张磊将公益事业列为自己的人生清单之一，他也深知凭一己之力发展教育，毕竟势单力孤，要推进高端科技人才的诞生，还需要更多社会力量。此时一个旨在"弘扬科学精神，助力科创兴国"的公益组织，进入了张磊的视野。

这个组织的名字叫做"未来论坛"，是一个以民间科学为主，在业内拥有很高声望的公益组织。2019 年，"未来论坛·深圳技术峰会"在深圳举行，论坛讨论了在 21 世纪谈论未来时，未来究竟是怎样的一个概念。论坛认为，未来属于科技与人才，未来并不遥远，我们曾经遥望与幻想的那个充满科技化、现代化的未来，已经穿过时光的隧道来到我们身边，如何迎接未来，要做好怎样的准备，便是未来论坛的主题。

张磊重视教育，是因为教育的最终目的就是推动科技与人才的发展，与未来论坛的主题相一致。张磊成为 2019 年未来科学大奖——生命科学奖的捐赠人，也是论坛理事会的轮值主席，并为大会致了开幕词。

在开幕词中，张磊认为既然未来已经到来，我们也无须慌张，只要做好应对未来的准备，未来依然尽在掌握中。当下科学的进步与突破已迫在眉睫，要支持基础科学的发展，需要持续长期的资金支持。正如西湖大学基金会的建立，便是为了培养科技人才，推动基础学科的发展，我们不能忽视民间资本在推动科学发展中所发挥的力量。在发言中，张磊呼吁企业家投入到支持科学发展的事业中，为保证科学研究不间断提供充足的基金支持。

无论是回馈母校，还是支持公益事业，在张磊的心中，教育无处不在，只要时刻保持投入教育事业的热情，培养人才的决心，就会最大限度地激发人才的价值。对人才的投资也将成为一个投资人生命中最重要的投资，因为美好，所以值得。

培养人才，实现更大梦想

张磊这位在资本战场屡战屡胜的常胜将军，给人的印象是温和而内敛的，没有张扬的霸气，在做一件事之前，他都先站在对方的立场，换一种角度考虑问题，他的投资是有温度的。在张磊的心里，投资其实就是投人，人才是每一笔投资的灵魂，也是成败的关键所在。对于人才的重要性，张磊曾深情地说道，"教育是对人生最重要、最明智的投资"。

"以人为本"也是我们国家科学发展观的核心，只有储备大量的人才，才能实现科技兴国的愿景。新中国成立以来，我国的教育方针是保留中国传统教育的底蕴，去伪存真，传承传统文化的精髓，同时也大刀阔斧地改革，以顺应时代潮流的先进教育理念培养下一代，给所有孩子公平接受教育的机会。我们实行的高考制度，依然是人才选拔最公平的方式。张磊是这种教育制度下的受益者——当年河南省高考文科的状元，如今举足轻重的投资界大咖，如果用投资的理念解读张磊的成功，教育的力量在张磊的身上，实现了价值长期主义的意义。

张磊深知人才对于一个国家的重要性，对于一个企业的重要性。成立高瓴时，他的合伙人，没有一位是专业投资人，但他们有一个共同特点，那就是超强的学习能力。高瓴的学习氛围便是从那时诞生的，创业至今十七年，这种氛围非但没有消失，反而更加浓厚。随着公司规模的扩大，员工的增加，张磊也更加重视人才的培养。他认为优秀人才除了拥有良好的天赋之外，必须经过系统专业的培训，才能由璞玉变美玉，发挥更大的价值；否则便是暴殄天物，浪费了人才本身的天赋，是个人的人生损失，也是企业的资源损失。

在培养公司新人方面，张磊是一位严格而又很有耐心的老板。他强调只有专业的投资人，才能更好地服务于被投资方，完成投资的价值主义，高瓴对于新人的业务能力与综合素质有着严格的考量。另外，张磊也会给予新人宽松的成长空间，以长期发展为目的，让每个人都能在公司有归属感，找到自己的位置和存在的意义。在高瓴的企业文化引领下，员工的个人梦想同高瓴的企业梦想融为一体，员工工作时更有动力，企业也会发展得更快更强。

2015 年，高瓴成立十周年之际，在中国企业家峰会上，张磊提出的"绽放理论"引起了许多企业家的共鸣。张磊认为当下经济高速发展的中国正处于一个"绽放"的时代，而时代的科技性与包容性，也给了每个人"绽放"自己的机遇，个体与时代不断提高自我、发展与创新的过程就是在"绽放"，充满了蜕变的魅力，也必将收获盛开的喜悦。

依托"绽放理论"，高瓴也启动人才培养的"绽放计划"。提到这个计划时，张磊举了一个例子，有一位高礼研究院的毕业生，仅仅毕业两年，就给高礼研究院捐赠了 1100 万元人民币，毕业时间这么短，捐赠金额却高得惊人，这在中国的高校捐赠史上十分罕见。这个例子证明了"绽放计划"在培养人才方面是行之有效的，也从另一个角度反映出，当璞玉被雕琢成美玉以后，它所发挥出的巨大价值是不可估量的。

高礼研究院本身就是一场中外高校间的梦幻联动。2011 年，中国人民大学成立了一个培养领导人才的特区——高礼研究院，意在培养经济、商业管理、法律等各个领域的高端人才，并推动人大与耶鲁大学、牛津大学的深入合作。高礼研究院的成立，正是在张磊联合多位创始理事的推动下实现的。身负人大与耶鲁双重校友的身份，张磊依靠个人的能力和高瓴的实力，脚踏实地为教育做实事。如今高礼研究院培养的毕业生，已成为各自行业内的管理精英或企业领袖，高端人才的充实，也会加速中国经济向全球迈进的步伐。

除了为教育做实事，张磊在高瓴资本的投资板块中，也重仓教育，提早进行高瓴的教育布局。在做教育投资的布局之前，高瓴要做的第一件事就是市场调研。通过调研，高瓴将中国教育的体系分为三个阶段：第一阶段是学龄前，家长在这个时候更重视早教对于幼儿智力的开发；第二阶段是小学到高中的十二年；第三阶段便是大学时期的高等教育。随着新生代家长的升级，他们对于互联网的熟悉与认知，有利于在线教育的发展。在线教育的优势是能够克服时间与地域的限制，有助于改善教育资源空间分布不均衡的现状

按照市场调研的方向，高瓴投资了"考虫""魔力耳朵"等在线教育平台。考虫是大学生备考的一站式服务平台，以在线直播学习为主，无论是英语四六级考试，还是考研英语、雅思、托福、GRE等，都囊括其中，提供全套的备考方案。考虫的定位是大学生，魔力耳朵的服务对象则是青少年，专门为4~12岁的孩子提供在线学习英语的服务，以小班课为主，有真人欧美外教在线授课，充分利用互联网的便利性，让孩子足不出户就可以沉浸式地学习英语，从小打下良好的外语基础。

2020年，随着国家对校外培训机构的管理，教培业陷入低谷，高瓴却在这个时候领投70亿，拿下教育史上最大一笔融资，它所领投的对象是创立于2012年的猿辅导。在中国有学生的家庭中，没有哪个家长没听过"猿辅导"这三个字，猿辅导是在线教育的首个独角兽公司，旗下有猿辅导、小猿搜题、猿题库等多个在线教育品牌。家长的认同，学生的信赖，使得猿辅导打破传统教育面对面的壁垒，借助互联网的优

势将教育细分得更专业、更科学，受到学生家庭的喜欢。张磊看中在线教育的前景与猿辅导的市场潜力，他认为已登上胡润品牌榜的猿辅导，其价值的实现还没有到达顶峰，而是刚刚开始。

行业的寒冬也许就是下一个峰值的开始，张磊坚持价值投资的长期主义，重仓教育，只要是对中国教育有利的投资，他都一马当先，助力人才实现梦想，以教育投资为高瓴的发展谋划未来，为中国的教育事业添砖加瓦。

《价值》价不可估

张磊曾经说他之所以会变成"学霸"，都是师兄施一公的"错"。施一公比张磊年长五岁，两人都曾就读于驻马店高中，当张磊还是个贪玩的初中生时，品学兼优的施一公便被保送到清华，成为学弟学妹们的榜样。张磊早闻学长大名，高中时偶然读到施一公写的文章，大受启发，励志之门突然打开，深感不能虚度光阴，便发愤图强，最终成为河南省的高考文科状元。

这小小的插曲在张磊的人生之路上，只是极短的片段，然而文字带给他的力量始终萦绕于心，是无法抹去的深刻记忆。文字是一条神奇的纽带，会超越时空的阻隔，让两个完全没有交集的人发生奇妙的化学反应，也时时刻刻连接着过去、现在与将来，记录人生，提炼精华，供后来者借鉴。张磊对文字是非常有感情的，他的知识启蒙由读书开始，在与无数文学大师、思想大师的神交中，张磊萌生了一个想法，他要写一本书，一本也许会在某个时刻、某个不知名的角落，带给一个年轻人思想触动，让他从此踏上改变命运之路的书。张磊相信，以他创立高瓴十五年来的人生沉淀，他的书会有这样的价值，废寝忘食笔耕不辍，一定是有意义的。

2020 年 9 月 2 日，张磊所著的《价值》一书正式出版，全文分三个部分，十个章节，共 41 万字，涵盖了张磊的成长历程，投资心得，对价值长期主义的解读，体现了他在金融领域与众不同的见解以及对人生真谛超然物外的理解。新书一经上市，便受到读者的欢迎，首日即登上各大网店的图书销售榜首位，两个月内销售三十余万册，进入该网站"年度十大好书"的推荐书单。

在《价值》一书出版之前，人们对张磊的印象是从 0 到 5000 亿的投资之神，百亿美金的掌门人。绝大多数人买这本书的目的，是想了解这位投资教父的财富密码。然而读过《价值》一书后，人们会意外地发现，打动他们的并不是传说中的财富密码，而是张磊积极豁达、充满哲学性的思想，这才是张磊真正拥有、也最想与读者分享的"财富密码"，《价值》一书的价值是不可估量的。

读过这本书的人，都对封面上的一行小字印象深刻——"我对投资的思考"，简洁的语言正如张磊为人处世的原则，讲究高效直接，不喜欢故弄玄虚、拖泥带水。

《价值》是一本解读详细、独具指导性的投资教科书，张磊重点阐述了他对价值投资的理解以及在价值投资过程中的方法与经验和对未来价值投资的探索。书中提到要想在价值投资方面取得成功，首先要深刻理解时间的意义，学会做时间的朋友，也学会用时间去复盘，总结经验，坚持自我。选择价值投资就必须坚持长期主义，这二者是无法割裂的，高瓴是价值长期主义的坚定执行者。在这本书里，张磊也根据高瓴的投资案例，总结出七个高瓴投资公式，以简单明了的方式阐述价值投资的方法与经验。高瓴资本是一家研究驱动的投资机构，在不同领域深耕布局，以多种方式投资，做企业超长期的投资伙伴。在未来的投资规划中，高瓴不会放弃对于价值投资的实践探索，要真正实现"重仓中国"的价值投资理想。

价值投资就是发现价值、创造价值的过程，张磊在整理投资的心得与经验时，发现投资的过程与人生的过程很相像。人生也是一个寻找自我价值的过程，在这个过程中，我们要发现自我、坚持自我、超越自我。有人曾说，《价值》这本书也可以作为"青年指导手册"来阅读，张磊的成长过程对青年人是一种激励，而张磊对人生清晰的定位，在面对选择的时候积极坚定的人生态度，也值得迷茫中的青年人学习。

通过《价值》一书，可以清晰地看到投资是一场格局与眼界的较量，人生又何尝不是如此？青年人不能当井底之蛙，在坐井观天中浑噩度日，要通过自己的努力到达好的教育平台，扩大视野与胸怀，要靠提升自己的能力融入优秀的人群中，取长补短，获得更多的人生机会。青年人要始终保持好奇心，你对这个世界充满渴求，积极探索，这个世界才会回馈给你更丰盈的未来。

张磊对于投资的思考，最让人耳目一新的是他将哲学思想与价值投资的理念相结合，这是他投资的价值观，也是他的人生观与世界观。哲学的世界观是人类思想的财富，它教会我们如何安身立命，为人处世。

高瓴作为一家"钱生钱"的投资机构，从来不是赚钱机器，张磊给高瓴的定位是助力企业、为他人着想的服务机构。在张磊的理解中，将财富只定义为物质与金钱太浅薄，也是人类文明的倒退；财富真正的意义是责任与使命，从社会中来，回到社会中去。这些年来，高瓴投资教育，布局实体经济，帮助中小企业实现先进性升级，并积极投身于公益事业中，都与张磊哲学性的投资价值观有关。价值投资者的自我修养，持续不变的同理心、道德观，是价值投资的成功密码，也是实现理想的人生密码。

《价值》一书从萌生想法到正式出版，历时五年，耗费了张磊大量的心血，凝聚了他全部的思想精华。出品方湛庐文化亲历了《价值》从无到有的全过程，也见证了张磊作为一个完美主义者的精益求精。即使工作忙碌，没有大段的时间写作，张磊也绝不会得过且过。对于不满意的地方，他会逐字修改，对于编辑提出的意见也虚心接受，不断加工润色。这本书的诞生过程，也是张磊成功人生的复盘，正是他坚韧自律的品格，一丝不苟的态度，造就了今日事业的辉煌，使他走上人生的顶峰。每个人的成功都具有特殊性及偶然性，我们不可能复制张磊成功的人生，但我们可以学习他从不放弃的精神。最好的人生便是不后悔，因为你百分之百地努力过，你为自己真正地奋斗过。

《价值》上市两年，加印十余次，在纸质书市场并不景气的当下，销售量持续走高，获得了巨大成功。张磊对于投资的思考，带给人们更多的是对人生的思考，这也是《价值》一书真正的价值所在。无论顺境逆境，以心为路，以善为灯，坚持到底，终会拥有诗和远方。张磊一直在路上，我们也不应懈怠和辜负人生。

始于创新，未来没有终点

一个好奇心强、对任何新事物都抱有探索热情的人，他的人生注定是丰富有趣的。张磊常常形容自己"爱折腾"，他不喜欢沉闷的生活，对没有挑战性的事情不感兴趣。重复乏味的人生只会磨掉一个人的创造力，进而失去工作与生活的热情，在死水微澜中度日。

张磊喜欢投资本身的趣味性，大开大合的过程，机遇与风险并存的不确定性，充满悬念与未知的乐趣。创立高瓴时，张磊就决定走一条前人未走过的投资创新之路。重复别人的经历，利用现有的价值去获得看似丰富的回报，在他眼中没有任何意义，这种没有创造性的回报，生命周期很短，坚持不了多久。张磊要做的，是带领高瓴发现新的价值，创造新的价值。这十七年来，他和高瓴一直在创新的路上。事实证明，创新之路没有终点，只要你有勇气走下去，还会发现许多未知的快乐，收获意想不到的回报。

未来究竟在哪里？未来已经来了。在过去的 30 年中，全球有 15 亿人脱离了贫困，GDP 上升到 3 倍的增长速度，这其中离不开中国的脱贫攻坚战，持续增长的经济。当下世界格局已悄然发生变化，欧美发达国家不再处于全球主导地位，如今在全球经济的排序中，美国 GDP 仍居世界第一位，中国后来者居上，GDP 处于世界第二，而中国经济在疫情的阴影下一直持续增长，正在改变着世界经济格局。

后疫情时代，通货膨胀、货币紧缩、能源紧张与粮食安全等问题亟待解决，错综复杂的国际形势阻碍着世界经济的复苏与发展。面对低迷的全球经济，我国已经做好了应对的准备。2022 年 12 月召开的中国经济会议上，我国政府提出了"大力提振市场信心""推动经济运行持续整体好转"的方针政策，2023 年，我国将重塑市场信心，全力为经济拼搏。张磊对未来高瓴的发展也给出明确的答复：重仓中国，看好未来。

在张磊看来，未来是科技创新的天下，如同二十年前全球互联网的创新时代一样，科技创新是全球经济发展的新动向，无论是信息技术还是医疗健康方面，都存在巨大的潜力，谁抓住了这一市场缺口，谁就能站到经济发展的制高点上，抢得先机。

张磊曾做过一篇演讲，题目是《人工智能是对话未来的语言》，详细阐述了他对于当下科技创新的理解。今天的科技创新已经进入 2.0阶段，它通过三个基本面——知识创新、技术创新、现代科技引领的管理创新，将科技创新渗入社会生活的各个方面。在工业建设方面，智能内燃机已投入使用，智能公路与智能汽车正在铺设研制中；在社会生活方面，人们开始向人工智能控制的"智慧生活"方向转化，科技不仅让人们享受到先进生活的便利，而且将在生物科学领域有创造性的突破，缓解疾病带给人们的健康困扰。

ESG（环境、社会和公司治理）领域也是张磊相当看好的未来投资新赛道。疫情的冲击再次加大人们对于当下生存环境的忧虑，增加环保的紧迫感。2022 年 6 月 28 日，第二届新浪财经 ESG 全球领导者峰会上，张磊的发言发人深省，他说，"ESG 既是人类可持续发展的新路径，也是理解企业面临的机遇和风险的独特视角，而科技创新则是 ESG 问题的终极解决方案。"ESG 是保障人类生活可持续性的重要条件，也是高瓴未来投资的方向。不管是 ESG 的碳中和之路，还是以 ESG 的理念改造传统农业、畜牧业，都要依靠科技创新手段，而这也是人类社会的发展方向、全球经济的新增长点。在张磊的投资战略规划中，未来高瓴将继续加大对科技创新的投资力度，他们在科技创新方面的布局，已经准备好了。

除了科技创新，张磊也意识到随着中国人民生活水平的提高，还有两个方面也是未来经济发展的主力军，市场需求巨大。

一个是中产人群将成为主要的消费群体，他们所带来的消费升级潜藏着巨大的商机。在发达国家中产人群一直是主要消费者，我国以前是"民以食为天"，普通百姓的生活消费以"吃"为主。快速的经济发展带动了国内中产人群的迅速膨胀，他们将在中高端消费以及医疗、精神生活方面有更大的需求。例如，现在中产家庭养宠物的人越来越多，这些宠物可不再是"看门护院"，它们是主人的"掌上明珠"。随着宠物家庭地位的提高，宠物消费变成一笔庞大的支出。高瓴很早就看好其中商机，已经先人一步，在宠物产业链上全程布局，为中产人群的消费需求做好准备。

随着中产人群数量的增加，另一个市场缺口也将越来越大，个性化的金融与资产管理服务将是中产阶级的刚需。张磊看到了商机，对如何创建新的商业模式，以合理的财务管理模式来满足中产阶级的需求，他还在不断地探索。

在《价值》一书的最后一章，张磊写了一个感性而浪漫的题目："永远追求丰富而有益的人生"。张磊热爱工作，也热爱生活，是个工作狂，也是个优秀的丈夫、合格的父亲，他在刀光剑影的金融搏杀中，始终在心里留出一个柔软的角落，去感受生活的美好，人与人之间的温情。流年笑掷，未来可期，高瓴的成立始于创新，但张磊给高瓴设定的未来没有终点，他会陪着高瓴一直走下去，带领高瓴不断创造新价值，也不断攀登他人生的更高峰。

名言录

◎把时间和信念投入能够长期产生价值的事上，尽力学习最有效率的思维方式和行为标准，遵循第一性原理，永远探求真理。

◎在长期主义之路上，与伟大格局观者同行，做时间的朋友。

◎在奋斗的过程中，难以预料前路如何，选择与谁同行，比要去的远方更重要。

◎精确的数据无法代替大方向上的判断，战术上的勤奋不能弥补战略上的懒惰。

◎每一位投资人都应将自律、洞见、进化与学习，作为不断追求的最核心能力。

◎当人和事完全匹配时，公司将被激发出前所未有的力量。

◎每一个投资人都要搞清楚的是，能随着时间的流逝加深护城河的才是资产，时间越久对生意越不利的则是费用。

◎世界上只有一条护城河，就是企业家们不断创新，不断疯狂地创造长期价值。早死早超生，从内部颠覆自己。

◎重仓人才，就是我们要帮助人才形成正能量、能量圈，绽放自己，温暖别人，这是对未来最好的投资。

◎管理要做的只有一件事，就是如何对抗熵增。

◎把时间分配给能够带来价值的事情，复利才会发生作用。

◎对于投资人来说，看人就是在做最大的风控。

◎声誉就是投资人的生命。

◎交给我管的钱，就一定把它守护好。我宁愿丢掉客户，也不愿丢掉客户的钱。

◎全世界的人大幅度地低估了中国产业发展纵深和内需消费市场，其实很多时候是供给创造需求。

◎数据是生产资料，有流程才能运营，有算法才能升华。数据、算法和流程，应形成相互促进的正向循环，对业务产生价值。

◎作为投资人，就需要在无数诱惑下更加专注，不断扪心自问什么事情是有价值、有意义的，这样的事情才能做。

◎时间是创新者的朋友，是守成者的敌人。

◎创业伙伴的三条标准，第一是人品好，第二个是爱学习，第三是能吃苦。

◎真正的企业家精神能够在时代的进化中看到未被满足的消费需求，这是把握住了大趋势中的定式。

◎尝试可能只是意气，但坚持却是勇气。

◎未来的构建需要无尽的想象力和踏实的执行力，这两种力量汇聚在一起就是创新，而创新的核心正是人才。

◎在科技创新和新商业革命的浪潮中，人的因素不应被遗忘，企业家精神不应被忽视。

◎信念有时比处境更加重要，你的格局观决定了你的生存环境，也决定了你的投资机会。

◎人生中很重要的一件事是，找一帮你喜欢的真正靠谱的人，一起做有意思的事。

◎实践证明，很多一流的人才做三流的生意，有可能把三流做成一流；相反，三流的人才做一流的生意，则可能把一手好牌打得稀烂。

◎在许多伟大的创业者看来，没有一定要做的生意，但有一定要帮的朋友。

◎投资回报的本质是作为企业拥有者，获得管理团队为企业创新成长带来的价值积累。人们往往感慨，投资最贵的不是钱，而是时间。

◎企业文化必须在创业一开始就建立起来，不能出问题，也无法推倒重来。

◎强大的学习能力和对事物敏锐的洞察力，是一个人能力的"护城河"。要学会坚定自己的理想，珍惜自己短期内没有被看懂的窗口机会，把"护城河"做好。

◎永恒不变的只有变化。人尚未奔跑，时代却已策马扬鞭。

◎要学朱元璋"广积粮，高筑墙，缓称王"。这个战略在创业中有效，也同样适用于你我的生活。坚持自己内心的选择，不骄不躁，好故事都是来自有挑战的生活，持之以恒，时间终将会成为你的朋友。

◎每一次重大危机都是一次难得的际遇和机会，尤其需要珍惜。

◎保持进化最大的价值在于竞争对手会消失，而自己才是真正的竞争对手。

◎高瓴的投资哲学在很多方面同样适用于教育和人生选择。第一是"守正用奇"，即是要在坚守"正道"的基础上激发创新；第二是"弱水三千，但取一瓢"，就是要一个人在有限的天赋里做好自己最擅长的那一部分；第三则是"桃李不言，下自成蹊"，是指只要好好做自己的事，成功自会找上门来。

◎人生没有白走的路，每一步都算数。

◎投资回报的本质是作为企业拥有者，获得管理团队为企业创新成长带来的价值积累。人们往往感慨，投资最贵的不是钱，而是时间。

◎价值投资不必依靠天才，只需依靠正确的思维模式，并控制自己的情绪。

◎对于一家创业公司而言，最不应该出现的现象就是：第一，眼睛紧盯着矛盾，而不是在更大的格局上思考问题；第二，高压文化，团队成员不协作；第三，不仅不协作，内部还互相拆台，导致组织涣散，没有凝聚力。

◎智能时代的首要任务，就是要加强信息基础设施建设，弥合不同产业、地区间的数字鸿沟。

大事记

1972 年　张磊出生于河南省驻马店市。

1987 年 9 月　考入河南省首批示范性高中之一——河南省驻马店高级中学。

1990 年 7 月　张磊以河南省高考文科状元的身份，考入中国人民大学，学习国际金融专业。

1994 年 7 月　从中国人民大学毕业，进入国企——中国五矿集团有限公司工作。通过深入矿区收矿产品，体会到了中国社会的纵深度。

1998 年　赴美国耶鲁大学求学，攻读工商管理硕士及国际关系硕士学位。

2001 年　得到耶鲁捐赠基金的实习机会，在这里遇到了一生的恩师与挚友——耶鲁大学首席投资官、诺贝尔经济学奖得主托宾的学生大卫·史文森。

2002 年　从耶鲁大学毕业，获得耶鲁大学工商管理硕士及国际关系硕士学位。

2002—2005 年　进入全球新兴市场投资基金（Emerging Markets Management）工作，主要负责南非、东南亚和中国的投资；此后又担任纽约证券交易所首任中国首席代表，并创建了纽约证券交易所驻香港和北京办事处。

2005 年　回国创业，6 月 1 日，专注于长期投资的高瓴资本在北京正式成立，名字取自"高屋建瓴"。成立不久，高瓴私募到耶鲁捐赠基金的 2000 万美元，第一笔投资便是重仓腾讯。那时腾讯刚上市一年多，市值不到 20 亿美元；到 2021 年 6 月，腾讯的市值达到了 0.9 万亿美元，高瓴资本获取了超过 200 倍的收益。

2010 年	高瓴资本以 4500 万美元投资蓝月亮，以 3 亿美元投资京东。凭借两次大手笔的投资，高瓴资本和其创始人张磊的名字出现在公众视野中。同年，张磊向耶鲁大学捐款 888 万美元；在国内创建"驻马店高中·高瓴奖助学金"，截至 2022 年，驻马店高中已举办十三届高瓴奖学金发放仪式。
2011 年	向中国人民大学捐赠创立了中国人民大学高礼研究院，通过一系列富有创新性的教育培训项目，培养具有实践创新和强烈社会责任的优秀青年人才。
2012 年	高瓴资本管理的基金通过 Sapphire 间接持有海正辉瑞 49% 的股权。海正辉瑞于 2012 年由辉瑞公司全资子公司 Pfizer Luxembourg Sarl（辉瑞卢森堡公司）与海正药业及控股子公司海正药业（杭州）有限公司合资组建，面向中国和全球市场开发、生产和推广品牌仿制药。
2013 年	高瓴与腾讯及印尼最大的媒体集团公司 Global Mediacom 宣布共同出资成立合资公司，在印尼发展微信业务。该合资公司的首批产品之一印尼版微信，已成为目前印尼国内最受欢迎的移动社交网络平台。
2014 年	受邀与"股神"巴菲特共进晚餐。
2015 年	高瓴资本领投并持续跟投蔚来汽车。2018 年 9 月，蔚来登陆纽交所，高瓴持股 7.5%，是蔚来的第三大股东。同年，张磊联合一批有影响力的互联网界、投资界、科技界人士共同发起公益平台——未来论坛，倡议并发起设立"未来科学大奖"。
2016 年 6 月 9 日	耶鲁大学校长 Peter Salovey 宣布，张磊将接替前美国麻省最高法院首席大法官玛格丽特·H·马歇尔女士，成为耶鲁大学新任校董。同年，高瓴资本收购德国宠物品牌俊宝 Gimborn，开始其在宠物行业的布局。

2017 年 6 月 23 日	向母校中国人民大学捐赠 3 亿元人民币，设立"中国人民大学高瓴高礼教育发展基金"。10 月，在中国人民大学 80 周年校庆之际，张磊向母校捐赠创建中国人民大学高瓴人工智能学院，并于 2019 年 4 月正式揭牌成立。12 月，高瓴作为唯一的机构投资者，以 8 亿元受让了公牛集团 2.235% 的股权，成为公牛集团的第四大股东。
2019 年	高瓴新布局医药股，投资爱尔眼科、药明康德和泰格医药，其中药明康德属 A 股第二重仓股。
2020 年	高瓴投资的公牛集团、小鹏汽车、蓝月亮等相继上市。同年，高瓴斥资百亿入局宁德时代、隆基股份等新能源领域。2 月，高瓴资本将创投部门剥离，成立专注于早期创业型公司的高瓴创投。3 月，高瓴领投猿辅导 10 亿美元 G 轮融资，猿辅导投后估值达 78 亿美元。9 月，张磊历时 5 年创作的新书《价值》出版面世。10 月 14 日，张磊入选"2020 年中国最具影响力的 30 位投资人"榜单。
2021 年 7 月	联合高瓴公益基金会，捐赠价值 5000 万人民币的救灾物资和资金，支援家乡河南抗灾救灾。
2022 年 9 月 28 日	高瓴宣布正式推出"Aseed+"种子计划，单独设立种子投资序列，聚焦制造业、新能源、新材料、生物科技、碳中和等重点领域，计划用 3 年时间投资 100 家左右的种子期企业。
2023 年 1 月	高瓴独家投资朗润集团旗下的 ATLATL Innovation，双方共同启动 Aseed+ 首航计划，支持前沿生命科学创新项目的发展。
2023 年 下半年	高瓴增持拼多多 276 万股，总持股数量 1011 万股，拼多多也成为高瓴的第一大重仓股。
2024 年初	成立不到三年的生物科技公司 ArriVent Biopharma 上市，高瓴资本是其大股东。

参考文献

[1] 张磊 . 价值 [M]. 浙江：浙江教育出版社，2020.

[2] 半月谈 . 盘点 2005: 中国经济亮点频频　百姓分享发展成果 [J]. 北京：新华社，2005.

[3]CCTV-2 财经频道 . 遇见大咖　20181124 张磊 [EB/OL].tv.cctv. cn, 2018-11-25.

[4] 中华人民共和国工业和信息化部 . 非经营性互联网信息服务备案管理办法 [EB/OL].www.gov.cn.2005-02-08.

[5] 中华人民共和国国家统计局 . 中华人民共和国 2005 年国民经济和社会发展统计公报 [EB/OL].www.gov.cn.2006-02-28.

[6] 前瞻数据库 .2020 年 1-3 月中国零售行业市场分析：社会消费品零售总额将近 8 万亿元 [EB/OL].d.qianzhan.com.2020-06-22.

[7] 北京日报客户端 . 唯品会全年收入 1171 亿元，活跃用户增12%[EB/OL].baijiahao.baidu.com.2022-02-24.

[8] 李成东 . 唯品会：专注特卖长跑，与时间做朋友 [EB/OL]. baijiahao.baidu.com.2022-02-24.

后 记

张磊的"投资经"很多，比如"长期价值理论""守正用奇""弱水三千，只取一瓢饮"等，个人最有感触的是："选择和什么样的人一起做事情非常重要。"事实上，很多投资，与其说张磊投资的是企业，不如说投资的是人。

在这里，我们谈谈张磊的识人观。

张磊曾说："我最佩服的人有两个，一个是巴菲特，一个是史文森。"张磊曾表示自己欣赏巴菲特的投资能力和"同理心"，佩服史文森"fiduciary duty"和"intellectual honesty"的完美结合。这两个判断都不是单纯地靠耳闻就能判断出的，只有亲自接触，才能做出判断。

事实上，中国人不是很喜欢和身边人做生意。但是张磊却喜欢"找基于长期信任的、熟悉的人一起工作"。他的创业资金来源是曾学习和工作过的耶鲁捐赠，可谓老相识；而他的一位合伙人，也是由自己的老同学推荐而来；投资的京东的主要负责人刘强东，是他的学弟。当然，这里面也有资源所限、不得已的成分，却也可以看出张磊喜欢从熟悉的人和领域着手。张磊身边的工作人员，尤其是核心的工作人员，不是前同事，就是前同学；正是在过去的人脉基础上，亚洲最大的私募基金高瓴资本得以建立。

因为熟悉耶鲁捐赠基金会的考察流程和要求，所以他能有针对性地应对，从而获取成功；因为熟悉老同学的品性，才能发挥其长处，构建团队；因为了解学弟的才能和看好这一领域，才能以领导人为基对企业做出较为准确的研判。

我们或许会有突如其来的成功，但想要稳赢，就得了解和熟悉。如果自己不熟悉，那就俯下身子调查，抬起头看看别人的预判。比如张磊曾说："未来5年的投资机遇，我第一看好创新，第二看好中产人群带来的巨大消费机会，第三看好金融和资产管理行业，现在的需求远远没有被满足，尤其是资产管理，我觉得会有很多好的商业模式出来。"

未来，请拭目以待。